人说山西

華堂瑞靄宏開富有竹苞鄰

常家庄园——影壁花墙

刘玉和 编著

山西出版传媒集团
三晋出版社

图书在版编目（CIP）数据

常家庄园影壁花墙 / 刘玉和编著 . —太原：三晋出版社，2023.6
ISBN 978 - 7 - 5457 -2745 - 6

Ⅰ.①常… Ⅱ.①刘… Ⅲ.①民居—墙—建筑艺术—榆次区 Ⅳ.① K928.79 ② TU227

中国版本图书馆 CIP 数据核字（2023）第 121015 号

常家庄园影壁花墙

编　　著	刘玉和
责任编辑	薛勇强
印装监制	李佳音
出 版 者	山西出版传媒集团·三晋出版社
地　　址	太原市建设南路 21 号
电　　话	0351-4956036（总编室）
	0351-4922203（印制部）
网　　址	http://www.sjcbs.cn
经 销 者	新华书店
承 印 者	山西新华印业有限公司
开　　本	720mm×1020mm　1/16
印　　张	9.5
字　　数	90 千字
版　　次	2023 年 6 月第 1 版
印　　次	2023 年 7 月第 1 次印刷
书　　号	ISBN 978 - 7 - 5457 - 2745 - 6
定　　价	46.00 元

如有印装质量问题，请与本社发行部联系　电话：0351-4922268

吉祥文化——影壁花墙之魂

　　来到常家庄园，置身于规模宏大的古建群落，徜徉于质朴方正的乡间民居，流连于南北兼容的清式园林，您还想看什么？看500年晋商驰骋拼搏、看古建筑院落鳞次栉比、看儒商世家翰墨书香、看湖光山色娴雅飘逸？当您饱览了常家庄园九堂五园二十七宅院卓尔不群的风采，是否认真留意和品读过那些遍布于街衢门庭、洋溢着浓郁吉祥文化色彩的影壁花墙？

　　砖雕影壁作为古代建筑中不可或缺的重要组成部分，在我国古已有之，到清代更是发展到全盛时期。影壁，最早叫"隐避"，人们在建造居宅家园时，把它遮挡在大门内外作为屏障，以免外人对院内情况一览无余。从地舆学角度讲，影壁更具有避免家族风水或福祉外流，阻挡外来邪气进入的吉祥功用。根据安放位置不同，影壁的称谓和作用也不同。如旧时晋中民谚所说："村不露村为好村，家不露家为好家。"这里所说的"好家"指的是结构、布局和方位都做得严谨和完美。在古代，人们习惯把位于院内的屏风墙称"隐"，意思是把院子隐藏起来；把位于院门外的称"避"，目的是阻挡家族风水外泄。后来遂演化为今天的"影壁"。

明清时期，以皇权和神权为代表的封建等级限制日益森严，为避免"违制"，除皇家和寺庙外，民居影壁一般以青砖或石料雕砌而成，结构呈完整牌坊造型。常家庄园现存的影壁一般由上、中、下三部分构成：上端为墙帽，中间为壁心，下端为基座。为增加华美感，影壁上端的墙帽多采用歇山式屋顶，正面设斗拱和出昂，有的还饰以雕花围栏。壁心多刻有立柱，有的还添加了楹联和格言。台基多采用须弥座，宛如在宅院内外又建造了一座砖石雕屏风式房屋。关于影壁的称谓，在山西晋中，人们习惯把立于院外的称"照壁"，门内的则称"影壁"。从形制上，把单墙平面的称"一字影壁"，把依山墙而建的称"座山影壁"，把两侧有装饰折墙的叫"八字影壁"，把建于大门两侧的叫"撇山影壁"或"反八字影壁"。

　　随着经济投入加大，建筑材料和装饰技能迅速提升，到清代中期，影壁已不能满足人们日益提高的居宅审美需求，于是延伸出花墙和壁挂。与影壁相比，花墙和壁挂从形式、面积、内容和制作上都有了更大的想象空间和发挥余地。或宅院内外、门庭两侧，或居宅墙面、半亭游廊，随处都可以镶嵌雕饰。形制方面则可以简洁淡雅、不事雕琢，也可以浓墨重彩、精益求精。总之，纵览常家庄园的影壁花墙，可以用几个字概括：有墙必有图，有图必有意，有意必吉祥。

　　说吉祥文化是影壁花墙的灵魂并非夸张。只要细心浏览影壁花墙中绮丽秀美、花团锦簇的图案，您会发现它们都并非任由古代工匠们随心所欲任意发挥，而是都严格遵循了千百年以来由儒释道文化和民俗文化结晶而成的吉祥文化内涵。每一幅作品的构思和制作都一定有其严谨的源流和深厚的民俗基础作为支撑。

　　品读和解析常家庄园的影壁花墙，形式上大致可分为吉祥图案、神龛佛堂、山水花鸟、人物典故、格言文字五大类型，装饰内容上常用的主要有：

一、宗教吉祥纹饰：1.夔纹、饕餮纹、蟠螭纹、云雷纹等。来源于商、周奴隶社会的青铜器纹饰，图案以凝重与神秘相结合，给人以庄严、强悍和震慑的视觉冲击，体现出奴隶社会时期人们对冥冥中玄幻图腾的敬畏和崇拜。2.祥云、卷草、缠枝、如意等佛教纹饰。随着佛教传入我国，经魏晋同化与融合，到隋唐时佛教装饰艺术逐渐被改造成为更适合我国民族文化的吉祥纹饰。比如卷草纹，原是以产于印度的忍冬、菩提、华盖、法轮、璎珞等纹样为脉络，因不合我国国情，遂逐步被改造成盘绕卷曲、空灵玄妙的花纹飚蔓。再如仔细观察如意的形状，不难发现它其实是祥云与卷草的珠联璧合。把团云头变形为卷草状一波三折的曲线，就构成如意的框架模型，表达了民间对人生曲折、空灵、回转等意识的追求。3.源于道家的八仙、八卦等吉祥纹饰。

二、吉祥瑞兽：《礼记·礼运》载"麟、凤、龟、龙，谓之四灵"，说明我们的先民在很早的时候就已经把传说中的瑞兽作为图腾来崇拜。后来又根据民俗传说逐渐加入狮、虎、象、鹿、马、羊、猴、蟾蜍、狸猫、鲤鱼等等。如狮传说为护法神兽和文殊菩萨坐骑，可以驱邪镇凶，被古人视为瑞兽。鹿，谐音"禄"，《太平御览》称鹿能长寿千岁，满500岁则呈白色。历史上每逢太平盛世，天空便出现白鹿，是大吉之兆。

三、吉祥鸟禽：鹤、蝙蝠、喜鹊、绶带鸟、鹌鹑、白鹭等等。鹤在传统文化中寓意高洁和长寿，蝙蝠取"福"字谐音，喜鹊寓吉利喜庆，故在影壁装饰中运用颇多。

四、花草瓜果：花草有牡丹、莲花、桂花、梅花、兰花、菊花、桃花、萱草、海棠、玉兰、菖蒲、蔓草等。瓜果有寿桃、石榴、葫芦、佛手、灵芝、葡萄、莲蓬等。其中牡丹、桂花象征富贵，梅花、兰花象征高雅，海棠、玉兰寓意金玉满堂，灵芝、佛手、葫芦寓意吉祥福禄，寿桃、葡萄、莲蓬寓意多子多福多寿，萱草为宜男草，寓男丁兴旺，菖蒲寓繁荣昌盛，蔓草寓家族兴旺、绵延不断。

五、儒家文化："岁寒三友""文房四宝""花中四君子"等被儒家偏爱与推崇的内容。

六、寓言典故：三星在户、松鹤延年、六合同春、鹿鹤呈祥、太平有象、喜鹊登梅、锦上添花、福禄祯祥、渔樵耕读、商山四皓、鲤鱼跳龙门等，都属于此类范畴。

七、吉祥文字：指在民间普遍认同的福、禄、寿、禧、祯、祥及与之相对应的谐音文字等。

常家庄园景区规模庞大、内涵广泛，虽年代久远，经粗略统计，目前仍保存有各类影壁、花墙和壁挂近百幅。正是这些承载着传统古典文化的珍品，集中向世人展示了明清时期我国北方民居建筑装饰中丰富的古建装饰艺术，堪称吉祥文化的全景图。经历过数百年风雨侵蚀、战乱动荡、人为损毁，这些劫后余生的艺术品仍默默矗立在景区，向世人见证和诉说着历史，展示和焕发着文明的光彩。

为使广大游客详细深入地欣赏常家庄园的影壁花墙，进一步感受它丰富隽永的文化内涵，本书撷取其中有代表性的作品80幅，尝试对其作深入品读。鉴于笔者欣赏水平有限，难免挂一漏万，不足和疏漏之处，还望各界朋友指点匡正。

目录

吉祥文化——影壁花墙之魂　　　　　　　／ 1

影壁（照壁）　　　　　　　　　　　　／ 1

"百寿图"八字照壁　　　　　　　　　　／ 2

杏园"八卦、四季花墙"系列影壁　　　　／ 6

　　八卦影壁　　　　　　　　　　　　／ 10

　　"春景图"影壁　　　　　　　　　　／ 12

　　"夏景图"影壁　　　　　　　　　　／ 14

　　"秋景图"影壁　　　　　　　　　　／ 16

　　"冬景图"影壁　　　　　　　　　　／ 18

"六合同春"影壁　　　　　　　　　　　／ 20

"四狮图"影壁　　　　　　　　　　　　／ 21

"麒麟图"影壁　　　　　　　　　　　　／ 22

"福字图"照壁　　　　　　　　　　　　／ 24

"福字图"座山影壁　　　　　　　　　　／ 26

"福泽图"照壁　　　　　　　　　　　　／ 28

"六合同春"圆形影壁　　　　　　　　　／ 30

"三星在户"影壁　　　　　　　　　　　／ 32

"鹿鹤图"照壁　　　　　　　／ 34

"鹿鸣图"座山影壁　　　　／ 36

"松鹤图"照壁　　　　　　／ 38

"厚土载德"座山影壁　　　／ 40

"祥瑞图"照壁　　　　　　／ 42

"福字图"座山影壁　　　　／ 44

"鹿鹤呈祥"照壁　　　　　／ 46

"诒穀"座山影壁　　　　　／ 48

"首阳二贤"影壁　　　　　／ 50

"长寿富贵"座山影壁　　　／ 52

"敦仁"影壁　　　　　　　／ 54

"鲤鱼跳龙门"照壁　　　　／ 56

老宅残壁　　　　　　　　／ 58

"百寿图"老宅残壁　　　　／ 60

"松鹤图"影壁　　　　　　／ 62

主题花墙　　　　　　　　／ 63

"米芾拜石"花墙　　　　　／ 64

"羲之爱鹅"花墙　　　　　／ 66

"太白醉酒"花墙　　　　　／ 68

"杜甫赋诗"花墙　　　　　／ 70

"太平有象"花墙　　　　　／ 72

"鲤鱼跳龙门"花墙　　　　／ 74

"渔樵图"砖雕壁挂　　　　／ 76

"耕读图"砖雕壁挂　　　　／ 78

"松鹤延年"花墙 / 80

"喜鹊登梅"花墙 / 82

"石榴黄鹂"花墙 / 84

"锦上添花"花墙 / 85

"富贵平安"花墙 / 86

"玉堂福寿"花墙 / 87

"商山四皓"花墙 / 88

"挑灯看剑"花墙 / 90

"松梅图"花墙 / 92

"竹菊图"花墙 / 94

"春牡丹"砖雕壁挂 / 96

"夏荷图"砖雕壁挂 / 98

"秋菊图"砖雕壁挂 / 99

"冬梅图"砖雕壁挂 / 100

"山寺图"壁挂小品 / 102

"送别图"壁挂小品 / 104

"双鱼图"砖雕壁挂 / 106

"双钱图"砖雕壁挂 / 108

"双福图"砖雕壁挂 / 110

"双寿图"砖雕壁挂 / 111

"喜鹊登梅"砖雕壁挂 / 112

"多子多福"砖雕壁挂 / 113

"福禄图"砖雕壁挂 / 114

"祯祥图"砖雕壁挂 / 116

文字花墙 / 117

"芝兰生于深林"文字花墙 / 118
"律己以温公家训"文字花墙 / 119
"甘棠枯于丰草"文字花墙 / 120
"汉有赋"文字花墙 / 121
"择师为难"文字花墙 / 122
"读书最苦"文字花墙 / 123
"人而无恒"文字花墙 / 124
"慎独其严"文字花墙 / 125
"居则致其敬"文字花墙 / 126
"养则致其乐"文字花墙 / 127
"士为国之宝"文字花墙 / 128
"儒为席上珍"文字花墙 / 129
"知春秋大义"砖雕壁挂 / 130
"敦固可光前"砖雕壁挂 / 131
"桂馨凝瑞气"砖雕壁挂 / 132
"好鸟晴相语"砖雕壁挂 / 133
"新泥添燕户"砖雕壁挂 / 134
　素式花墙 / 135
"海学"文字花墙 / 136

影壁（照壁）

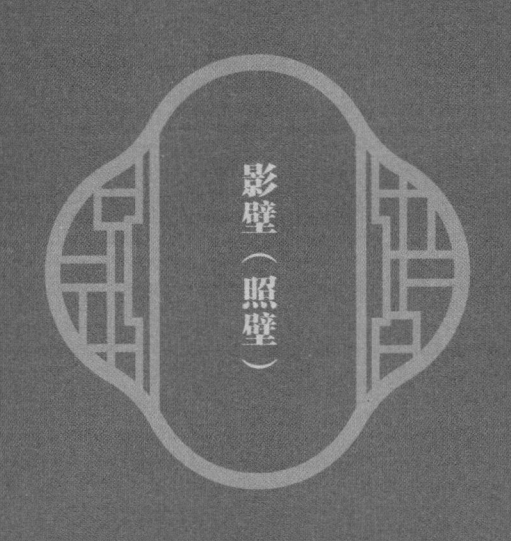

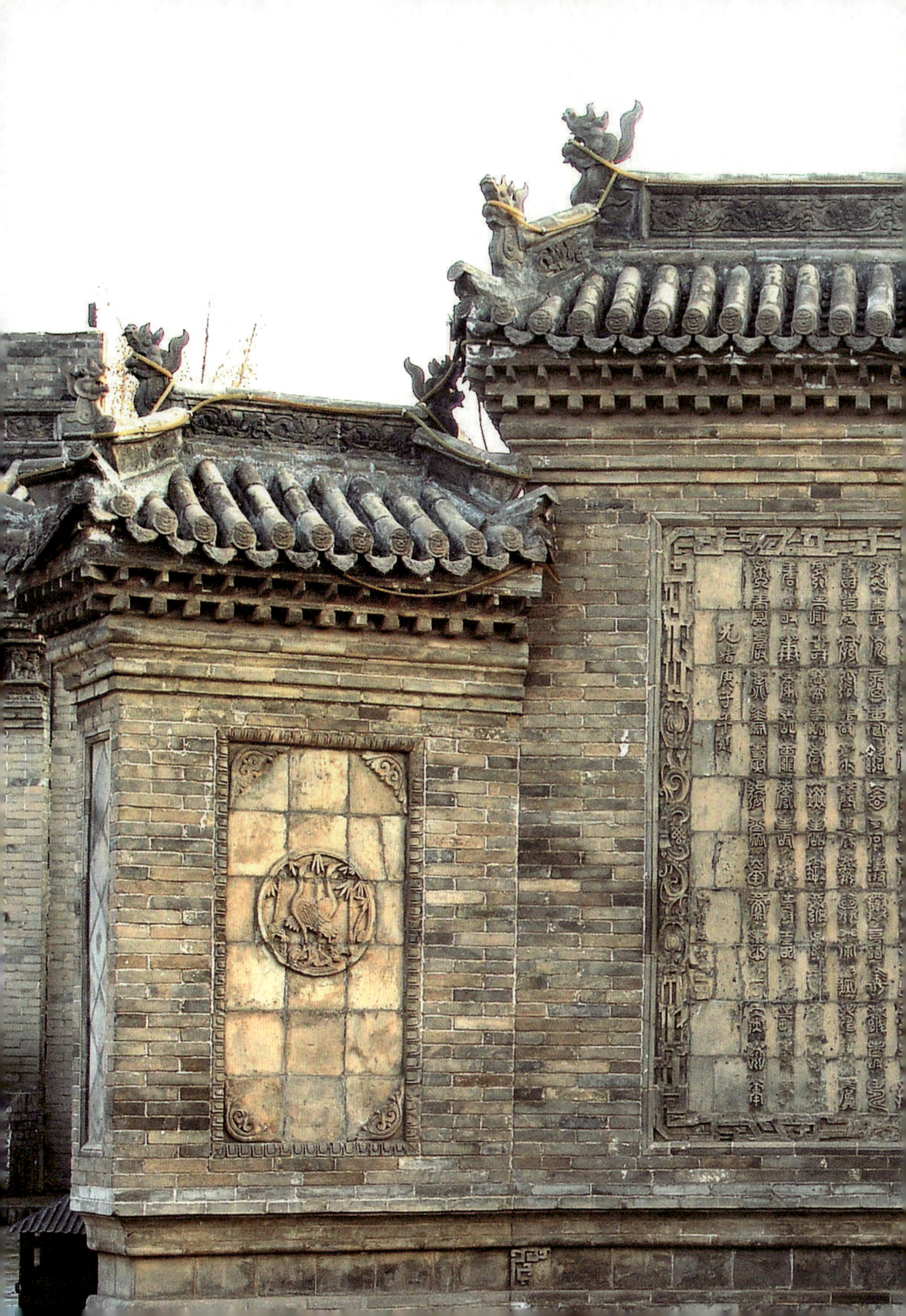

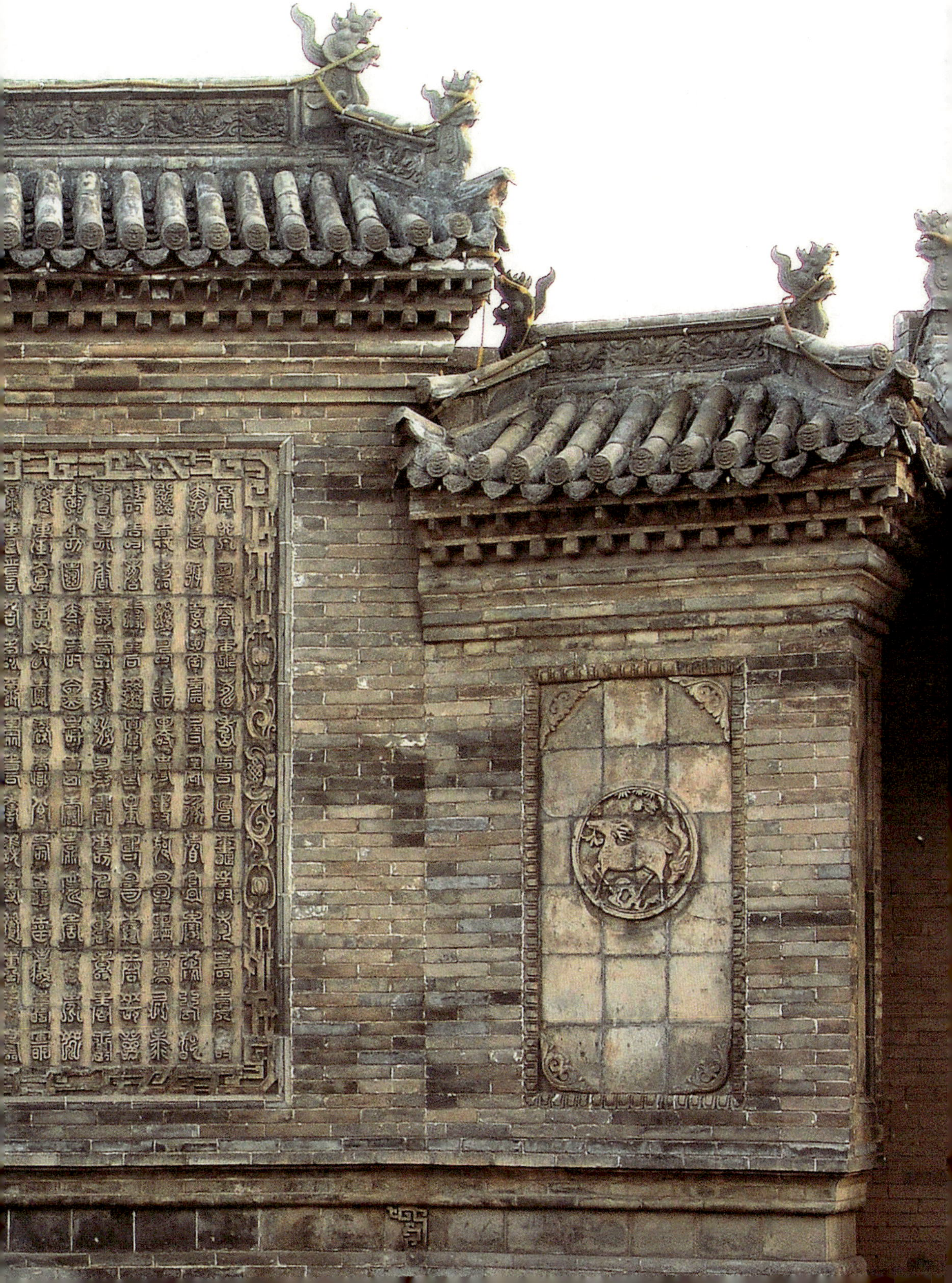

"百寿图"八字照壁

"百寿图"位于常家庄园明清街东侧，坐南朝北，正对常氏宗祠大门，幅宽8米，其中主幅宽4.2米，两侧幅各宽1.9米。因呈"八"字形结构，也叫八字照壁。又因主图案刻有240个篆体"寿"字，所以也叫百寿照壁。依据晋中民俗，它矗立在祠堂对面作为屏障，既能烘托宗祠庄重肃穆的氛围，又具有遮挡家族风水不向外流的功效。

主图案镌刻有横15行、竖16列，书写迥异的240个篆书"寿"字，包括鸟篆、蝌蚪篆在内。我国古代历法以60年为一循环，一循环称为一甲子，又称"花甲"。照壁取谐音"寿二百四十止"，意为祈愿家族四世同堂、人丁兴旺、安康长寿。依照左上方"光绪庚子年刻"字样，可知它建造于清光绪二十六年（1900）。

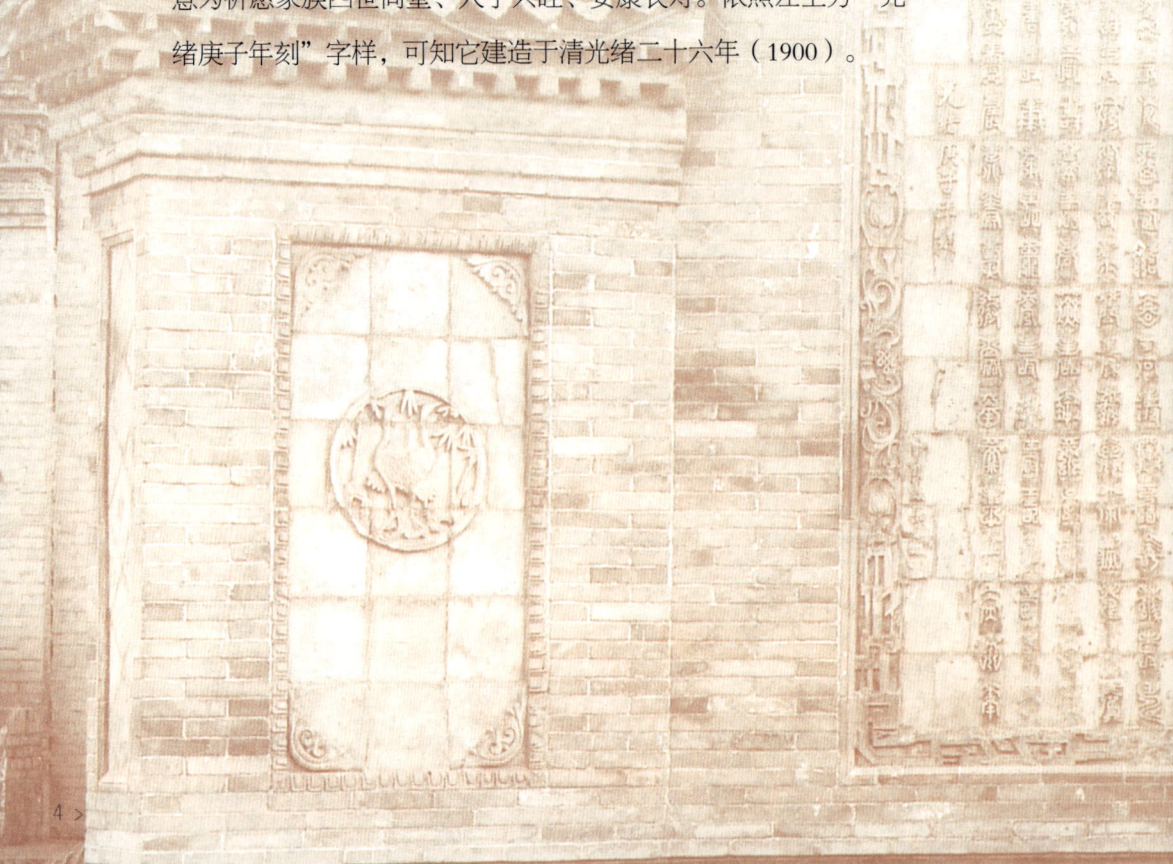

照壁主画面取传统吉祥夔纹饰框，间杂蝉纹、卷草、盘长等图案；两侧辅壁以莲瓣须弥纹围框，莲花卷草纹压角，立意雅致，增添了照壁的凝重感和祥瑞之气。辅壁上各设一竹节圆框，分别刻鹿、鹤、桐、松。我国民俗中，鹿为瑞兽，鹤为仙禽，松柏四季常青，梧桐招凰引凤，均为吉祥之物。依照晋中方言，鹿、鹤、桐、松谐音"六合同春"。六合指东、西、南、北、天、地，大意为祈愿天地风调雨顺、万物欣欣向荣、百姓安居乐业。

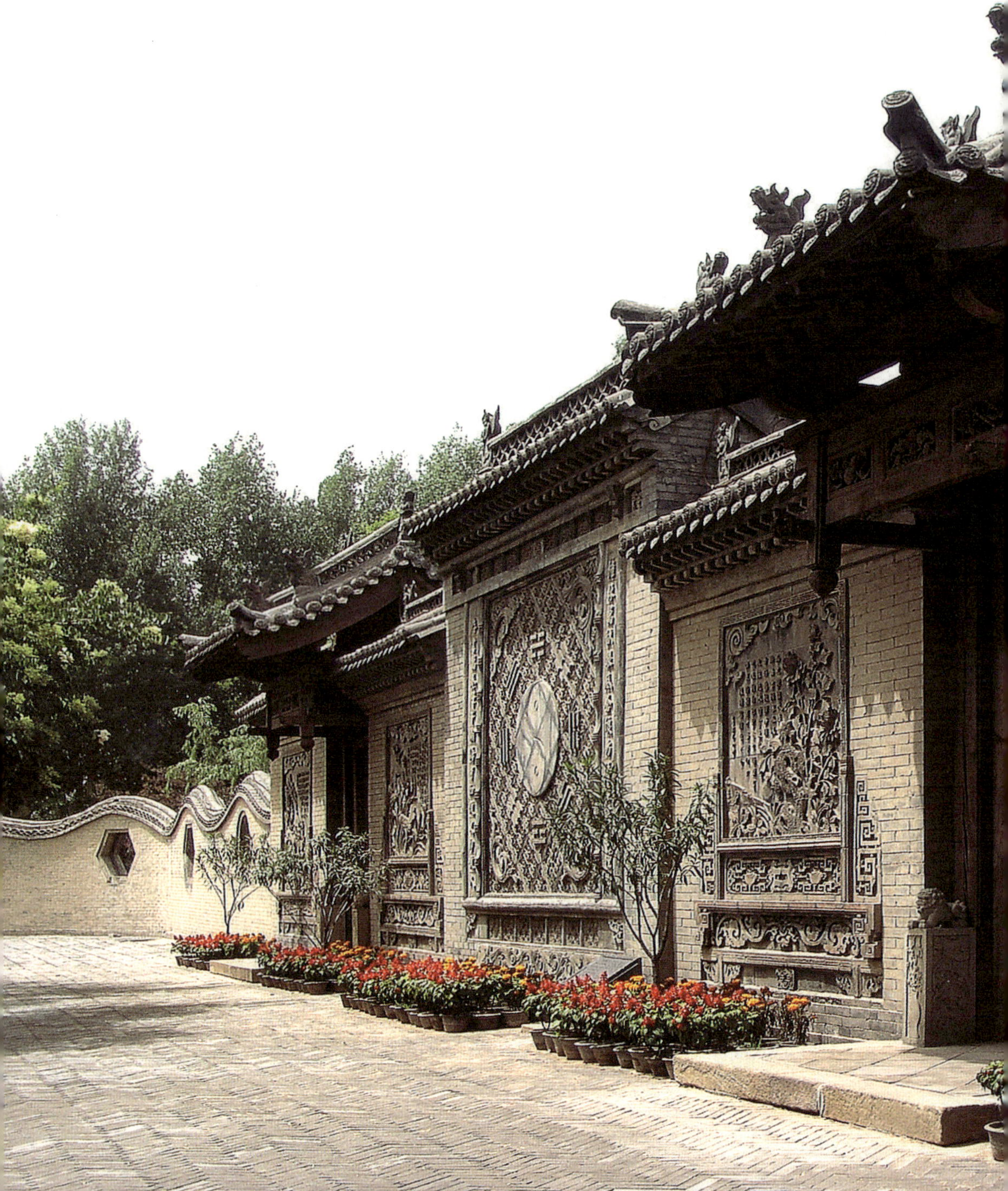

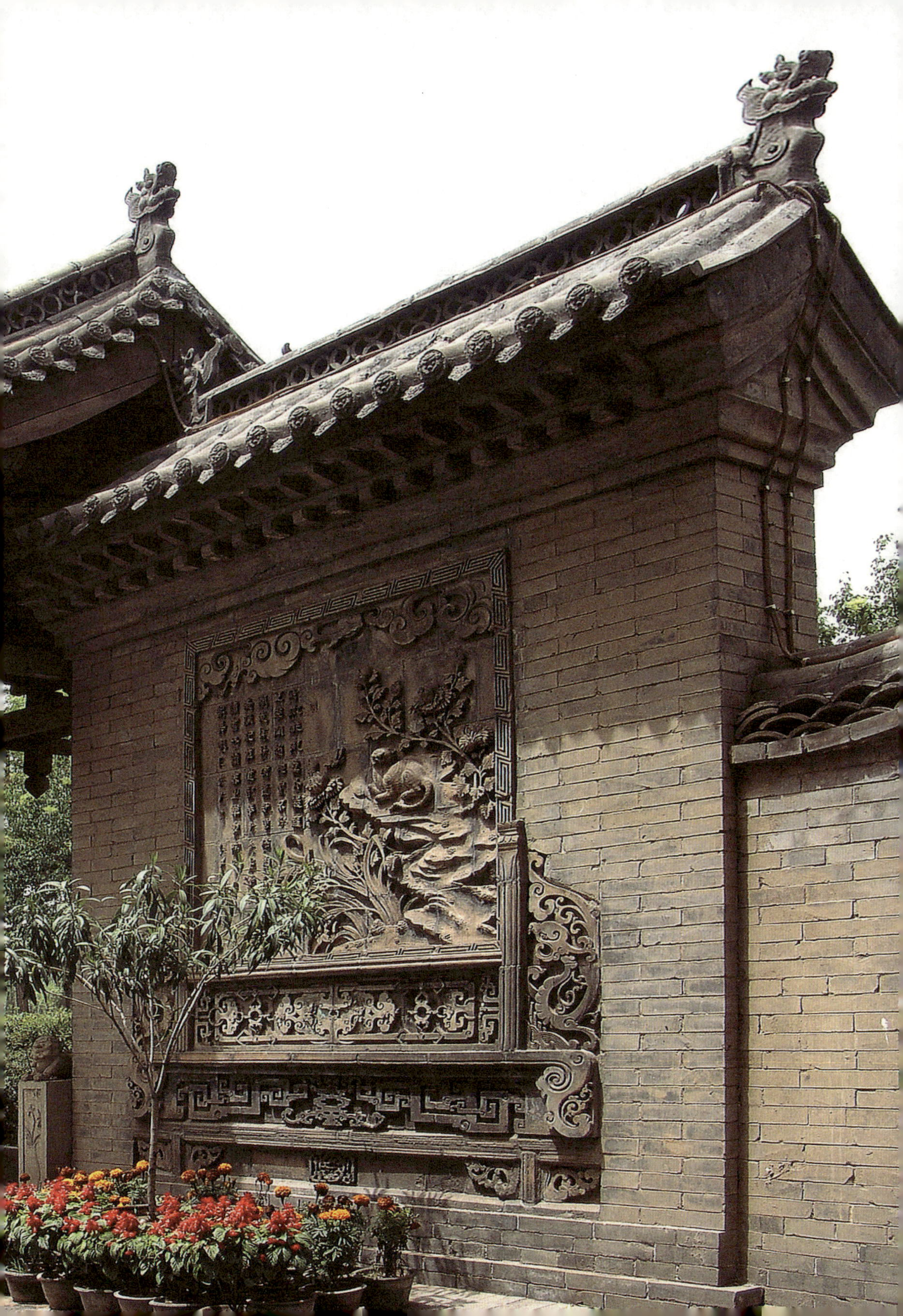

杏园"八卦、四季花墙"系列影壁

杏园约建于清嘉庆、道光年间，是常家最早建造的园林之一。十亩园区广植杏树，园中紫藤花开、绿草如茵，曲径通幽、回廊萦绕。回廊墙壁镶嵌有曾国藩、左宗棠、刘墉、纪晓岚、林则徐、曾国荃、康有为、梁启超等50余幅清代名人的书法碑帖，阁楼上"景星""庆云""披风""枕霞"四亭遥遥相望。廊外有造型典雅、古色古香的流芳亭遗世独立。但杏园最具魅力的点睛之笔，却是镶嵌于园区北围墙的"八卦、四季花墙"系列影壁。

影壁共五幅，坐北朝南，呈一字形排列，分别为"八卦图""春景图""夏景图""秋景图""冬景图"。"八卦图"居中央位置，东西两侧分别为春、秋、夏、冬四季花墙。

在我国，用太极八卦作影壁，非常罕见。八卦是中国玄学的重要元素，"天人合一、崇尚自然"是《易经》的根本原理，也是千百年来人们世代追寻与探求的理想境界。常氏把八卦影壁安放在杏园，大约可领悟到主人造园的宗旨，即观象而系理，从大自然一草一木、一石一水的四季更替，去感受万事万物变迁与兴替的哲理和真谛。

八卦图两侧四面制作精美的影壁，构图优美、内涵丰富、做工细腻，俗称"花墙"。影壁以四时花草、虫鸟树木、奇石云月等吉祥题材入画，每幅又分别用楷、草、篆、隶四种字体，题写有宋末元初杰出教育家、诗人翁森所作《四时读书乐》劝学诗，使人们在欣赏图案精美的同时，还具备了浓郁的文化气息。

四幅插屏型壁挂，春、夏为夔龙纹插架，秋、冬是草龙纹插架。砖雕画心内雕刻有春牡丹、夏青莲、秋菊花、冬梅花，代表了一年四季，故又称四季花墙。五幅影壁坐北朝南，沿围墙绵延排列20余米，交相呼应，浑然一体，成为杏园乃至整个常家园林的一道靓丽的风景线。虽历经两个世纪，除极少数部位略有崩缺外，整幅画面基本保存完好。据传，此影壁是宅院主人于清朝道光年间（1821—1850）从扬州带回，处处洋溢着江南水乡明秀清丽的风格和特色。

书到卷尾方知做文又即做人

拥林万亩眼底苍浪分悟种德若种树

八卦影壁

太极八卦图，正中是在一个圆里画两条头尾盘绕的阴阳鱼，外圈为正八边形，每边上有一组三行由阳爻（—）和阴爻（— —）组成的符号。据传，八卦图由上古时期伏羲氏所创，以之阐述天地间天、地、雷、风、水、火、山、泽八种最原始的现象，解释万事万物运行及变化的道理，即先天八卦。

殷商时期，西伯侯姬昌在西岐广行仁政，深得民心。因崇侯虎向纣王进谗，姬昌被囚于羑里。《史记》说"文王拘而演周易"，即姬昌在被囚禁期间撰写了《周易》，并创立了后天八卦。后天八卦与先天八卦方位表述不同，但含义不变。文王在《周易》中这样记述：无极生太极，太极生两仪，两仪生四象，四象生八卦，八卦生六十四卦。这就是太极八卦的基本原理。它属于哲学范畴，是古代先人朴素唯物主义思想的基本表述。

据现有资料查证，先天八卦卦相的顺序依次为：乾一、兑二、离三、震四、巽五、坎六、艮七、坤八，方位为乾南、坤北、离东、坎西、兑东南、艮西北、巽西南、震东北。后天八卦的顺序依次为：坎一、坤二、震三、巽四、中五、乾六、兑七、艮八、离九，方位为离南、坎北、震东、兑西、巽东南、乾西北、坤西南、艮东北。

远古时期人们习惯视南为上北为下，并依其确定八卦的方位。10世纪后，人们才逐渐认同北上南下，由此判断常家杏园的八卦影壁属后天八卦。

影壁装饰，中央太极八卦图取菱形排列的宝相花拼图衬底，每个菱形中刻八朵花。四端以莲花卷草纹压角，两侧饰竹节框。额枋正中刻变形"寿"字，寓意与天齐寿，两侧对称刻八组龟甲图案。象鼻昂两侧饰夔纹。影壁下方列七组宝相花图案，两侧亦以云纹修饰。基底有莲花卷草纹承托，两侧各接象头侧脸，使图案华美而凝重。外侧刻楹联"拥林万亩眼底苍浪方悟种德若种树，存书万卷笔下瀚海才知做文即做人"，简明扼要点出影壁主题。

山光奕檻水逶
廊舞雲歸咏春風
有好鳥枝頭亦朋
友落花水面皆文章
近來頗有迎家意筆
更倍蕭慈前意不停

"春景图"影壁

位于八卦影壁右内侧，幅宽 2.2 米。

全图呈落地屏风造型。上方为矩形画屏，置于典雅古朴的雕花插架上，给人以平稳、安详和高贵之感。主图案上方祥云笼罩、弯月当空，如意云气纹委婉流畅。右侧立一株盛开的牡丹，老根苍劲、枝繁叶茂；花蕊、枝干和叶片纹理清晰细腻，构图疏密有致。牡丹立于太湖石旁，周围点缀有蒲公英、兰叶和车前子。画面左侧为楷书题写的由宋元时期著名教育家、诗人翁森所作劝学诗《春》：山光照槛水绕廊，舞雩归咏春风香。好鸟枝头亦朋友，落花水面皆文章。近床赖有短檠在，来对读书功更倍。读书之乐乐何如，绿满窗前草不除。

外框以回雷纹收边，两侧饰莲花须弥柱，插架取夔纹装饰，矩形饰框内刻蟠螭勾连夔纹，中间立两只炉鼎，寓意太平盛世。下方刻蟠虺、草龙，其下取寿字及夔纹承托收边。图案瑰丽、雕刻精美、装饰典雅、内涵厚重，宛如一气呵成之写意工笔画，是"春景图"影壁的概括写照。

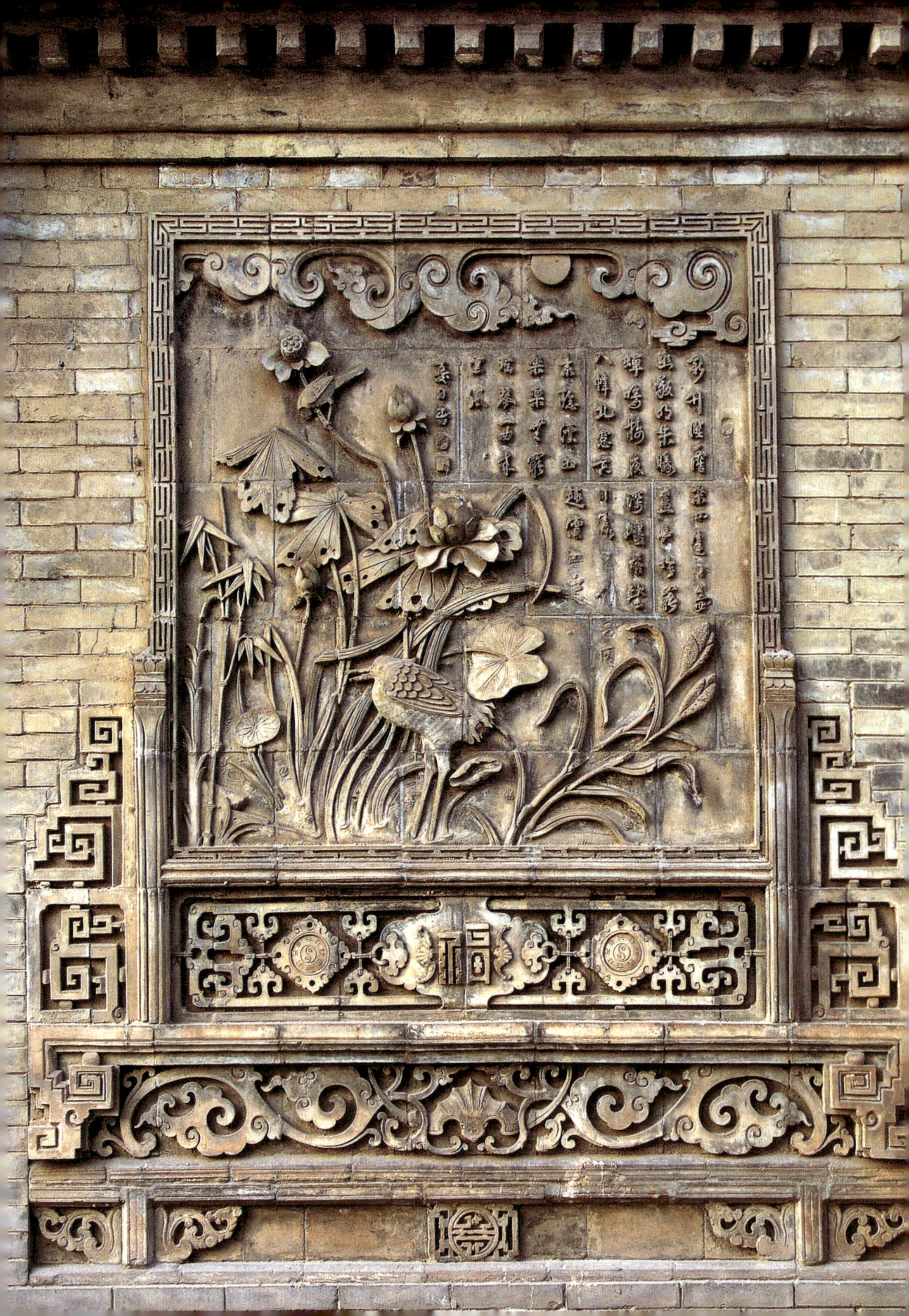
福

"夏景图"影壁

位于八卦影壁左内侧,幅宽 2.2 米。

主图案上方刻红日,四周祥云环绕。画面上数丛莲花,枝干丰茂,亭亭玉立,花朵或团簇盛开,或含苞欲放。上端枝头莲蓬秀出,近旁有翠鸟啾鸣。莲下碧水潆潆,一只修长的鹭鸟临风伫立,周围菖蒲、秀竹和玉笋丛生。根据我国传统民俗说法,夏季莲花盛开、根叶繁茂,寓意本固枝荣、根基牢固、兴旺发达。菖蒲为吉祥花草,鹭鸟取谐音"一路",寓意主人在科举道路上"一路连科"。

右侧草书题写翁森劝学诗《夏》:新竹压檐桑四围,小斋幽敞明朱曦。昼长吟罢蝉鸣树,夜深烬落萤入帏。北窗高卧羲皇侣,只因素稔读书趣。读书之乐乐无穷,瑶琴一曲来熏风。

外框装饰与"春景图"相仿,不同的是主图案下方装饰框内增添了"双蝠拱福"图案,以对称的如意卷草纹烘托雕刻精致的倒立蝙蝠,使画面呈现吉祥福禄之气。在装饰框"福"字两旁的饕餮勾连纹中,还刻有两幅袖珍太极八卦图,方位与八卦影壁同属后天八卦,印证了四时花墙与八卦影壁为同一时期制作。

風飲肥水葉各毅離
豆岭菊閑秀鳴不聲
商發秋林聖菱茭變
盡謂記泉宜苦筆沒
讀書冬讀春生樂在
秋弄明月辰天也

"秋景图"影壁

位于八卦影壁右外侧，幅宽 2.2 米。

主图案上方祥云掩日，中部刻两束繁茂的秋菊环绕于寿石两侧，绽放的菊花旁刻一只翩翩起舞的蝴蝶，一只硕大的狸猫端卧在寿石上，下方刻成丛修长舒展的萱草。画面左侧是隶书题写的翁森劝学诗《秋》：庭前昨夜叶有声，篱豆花开蟋蟀鸣。不觉商意满林薄，萧然万籁涵虚清。诵记莫遣韶华老，人生惟有读书好。读书之乐乐陶陶，起弄明月霜天高。

菊为花中君子，因其在秋天百花凋谢后开放，民间认为它高洁而不媚流俗。萱草，又名谖草，古人认为它能使人忘记忧愁，又称忘忧草。据传，萱草还有"宜男草"的说法，因此古代妇人有孕，常佩戴萱草花，寓意家族子嗣兴旺。寿石和萱草同图，在古代又有长寿多子的吉祥之意。

另外，在古代，"耄"指年龄八九十岁的老者，"耋"指七八十岁的老人。画面上雕刻一猫一蝶，是为取"耄耋"谐音，含有祈愿主人福寿安康、颐养天年的吉祥寓意。

与"春景图""夏景图"不同，"秋景图"插架采用了柔美宛转的草龙图装饰。由典雅曲美的如意卷云纹构成的双降草龙，悠然盘绕于画屏两侧，与插架装饰框内蟠螭、饕餮及勾连夔纹相互呼应，使影壁显示出生机与跃动之感。

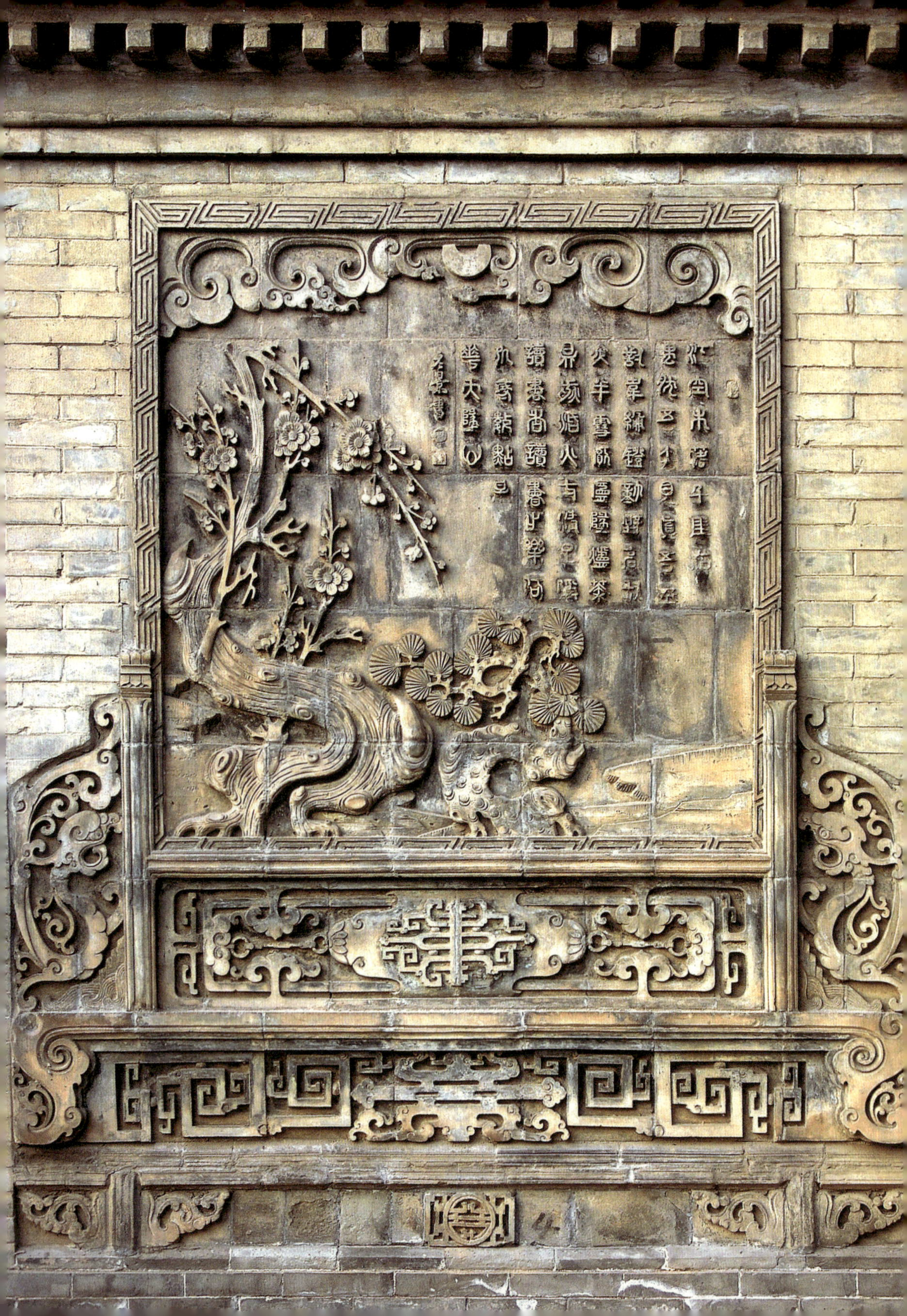

"冬景图"影壁

位于八卦影壁左外侧,幅宽2.2米。

"江空木落千崖枯,偶然吾亦见真吾。坐对韦编灯动壁,高歌夜半雪压庐。地炉茶鼎煎活火,七清足称读书者。读书之乐何处寻,数点梅花天地心。"这是用篆书题刻在"冬景图"影壁上,由翁森创作的劝学诗《冬》。

冬季来临,万木萧疏,江河凝冻,千崖衰枯,一派苍凉落寞的景象。俗话说,人生一世,草木一秋。假如把人生比作四季,冬天则象征人生的暮年。然而对于经历过人生冬寒夏暑的读书人,当他风雨兼程走到暮年,或许正因为毕生勤奋苦学不辍,才能在冬日严寒面对残灯暗壁,依然从容不迫、乐此不疲。纵然是天寒地冻、雪压茅庐,但是有典籍陪伴,仍旧能乐在其中,满怀欣喜而仰天高歌。他们为什么如此快乐呢?或许唯有那镌刻在画面上凌霜怒放的寒梅,才能够体会到诗人用心之良苦和沉浸于读书之中的乐趣吧。

"冬景图"画面简洁洗练、没有多余的点缀和渲染,仅以朴素的笔触描绘勾勒出自然界冬日的萧疏和苍凉。但是透过一束束如春花怒放的寒梅,以及枝干斑驳如虬龙盘绕的青松,人们更多感受到的是一种成熟和睿智、稳健与淡定。图案中央自上而下接连排列的三个"寿"字,似乎也暗示着求学者精神不老、信念永存。

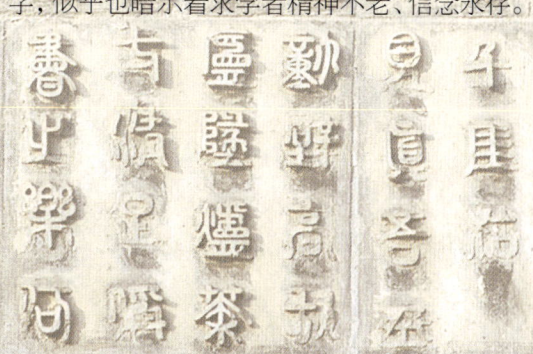

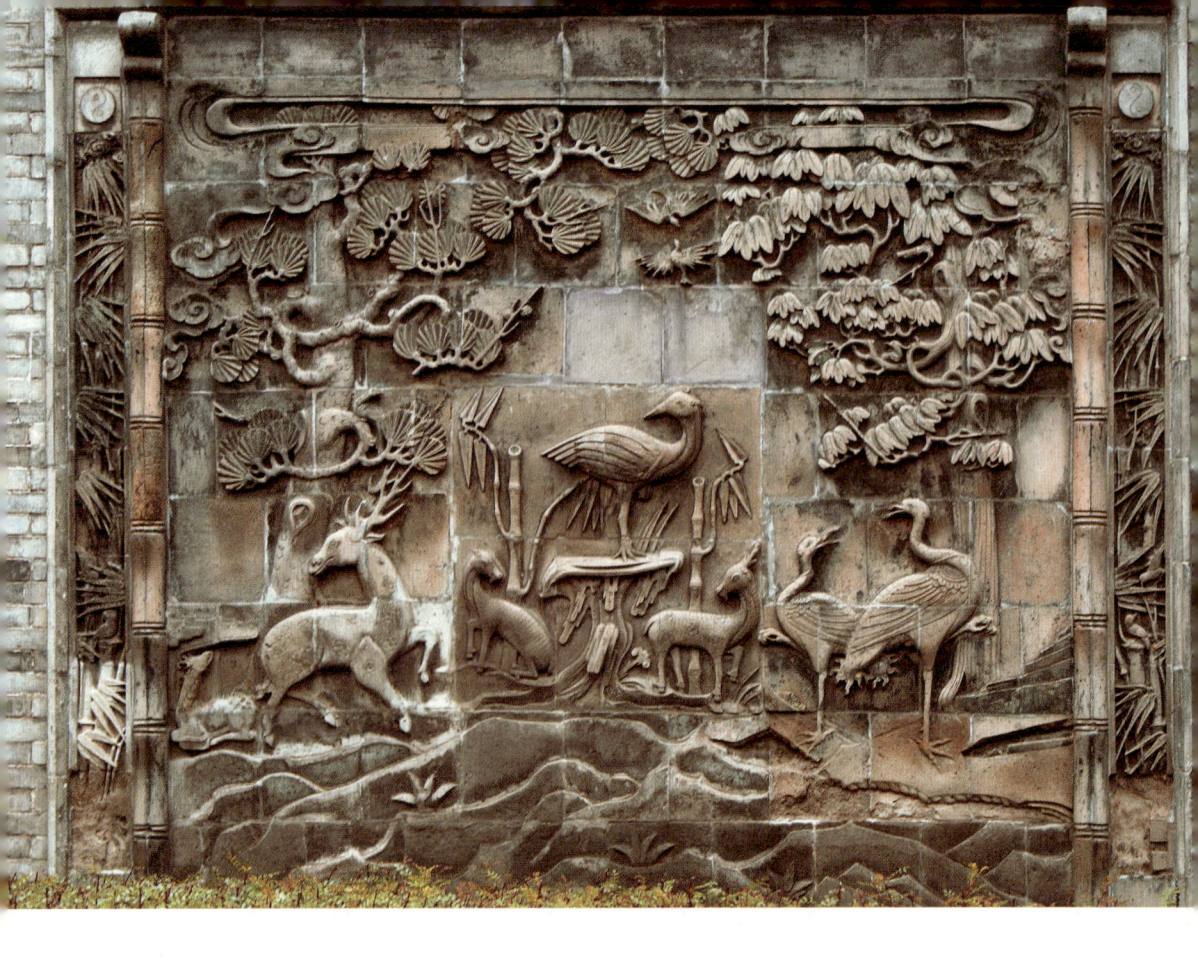

"六合同春"影壁

位于常家杏园围墙北侧，幅宽3.2米。

主图案上方刻松树和梧桐，枝叶繁茂，层叠错落，周围祥云缭绕，中央刻四鹿三鹤。鹿，谐音"禄"，与龙、麒麟等同被视为吉祥瑞兽。鹤，体态娴雅，腿颈纤长，是吉祥、尊贵、忠贞、长寿的象征，有龟龄鹤寿、松鹤延年之说。鹿、鹤、桐、松同图，谐音"六合同春"。六合，指东、西、南、北、天、地六方，两侧装饰框刻竹，谐音"祝"。影壁整体寓意海晏河清、物阜年丰、四季同春、福禄安康。竹节框柱上方饰象鼻昂，增添了画面的凝重感。此"六合同春"影壁恰好镶嵌于杏园"八卦影壁"北侧，竹节柱上端象鼻昂两侧亦各刻太极阴阳鱼图案，为影壁平添了神秘的色彩。

"四狮图"影壁

位于常家庄园百狮园东侧，宽 3.7 米。

主图案刻一只雌狮带三只幼狮，上方有如意卷云纹掩映红日，左右刻太湖石、寿山石。画面精致细腻，高浮雕狮子神态各异、栩栩如生。惜因年代久远，两只小狮头部已毁损。四狮同图在影壁雕刻中较少见，取谐音四世同堂，以及人丁兴旺、家族昌盛之意。

上方云雷纹围边，象鼻昂两侧刻草龙纹烘托的琴、棋、书、画。横枋刻梅、兰、竹、菊、松。下框刻篆体"福、禄、寿"字样，外侧有双蝶寓意长寿安康。

两侧楹联以双蝠镶边，以卷蛇变形篆体书写：奇石尽含千古秀，异花常占四时春。外端有造型精美细腻的镂空博古龛。龛已损毁，从残留的蟠螭纹镶边及依稀可辨的牡丹、炉鼎等图样中，仍能想象到它当年的富丽堂皇。下方须弥台基，束腰刻草龙、如意祥云及篆书"寿"字。这一影壁历史悠久、工艺精湛、造型典雅，巧妙地融儒释文化与民俗文化于一体，堪称常家园林的镇园之宝。

邦已起及人動建體一世可行　邦　　修身四時定用

"麒麟图"影壁

位于节和堂、人和堂前院游廊正中，幅宽 3.6 米。

麒麟，简称"麟"，传说中的仁兽，与龙、凤、龟共称"四灵"。

汉许慎《说文解字》说："麒，仁兽也，麇身牛尾，一角。"清代训诂学家段玉裁云："麒麟，状如麇，一角，戴肉，设武备而不为害，所以为仁也。"在民间传说中，麒麟是吉祥神兽，主太平、长寿。对老百姓而言，麒麟又是送子神兽。相传，孔子降生之夕，有麒麟吐玉书于其家，上写"水精之子孙，衰周而素王"，意思是说他原本具备了帝王的德行，只是未居其位而已。

画面正中刻挺胸屹立、翘首回望的麒麟，身姿矫健、华贵，周身鳞纹和鬃毛细腻流畅，栩栩如生。上方及左右有祥云缭绕，下方饰珊瑚、如意、兰草、灵芝等吉祥物，与麒麟口吐火焰宝珠相互呼应，刻画出热烈祥和的氛围。两侧以竹节围框，象征君子有节。外侧刻隶书格言楹联："勤生品俭养德静修身四时足用；严律己恕及人动建体一世可行。"完整地表达出儒家重视修身养性、做人立品的观念。建，古通"健"，健康、健身之意。

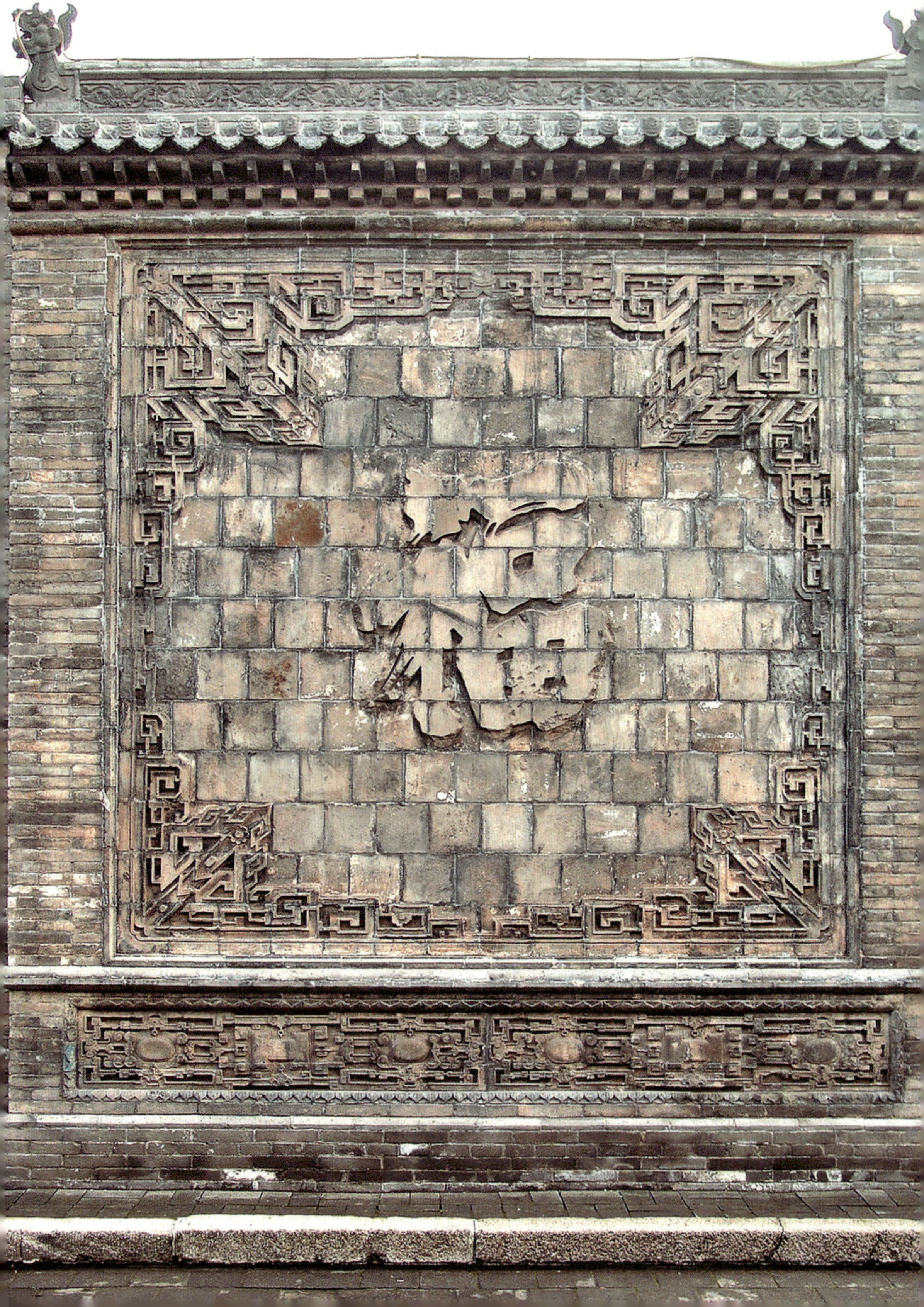

"福字图"照壁

位于明清街节和堂、人和堂对面，与院内"麒麟图"影壁相对。

这是一幅规格和气派都颇为宏大的照壁。一般来讲，民居照（影）壁幅宽一开间、3米左右。但"福字图"照壁竟达4.5米，仅从气势上就已经大大超过其他照壁。

照壁图案正脊刻佛手、莲花、卷草等，主图案未置出昂和立柱，而是用疏密有致的放射状夔纹烘托辉映中央1.5米见方、硕大的魏碑体行书"福"字，显示出气势磅礴与轩昂不凡。夔纹中间夹有宝相花、乳钉纹图样，给人以神秘玄奥的感觉，突出了"紫气东来、祥瑞盈门"的韵味。下方置须弥座承托，束腰刻莲瓣饰框，画心刻夔龙、蟠螭勾连纹，均匀烘托六面辟邪宝镜，意在阻挡外界邪气入侵、防止院内风水外泄。照壁构图古朴简洁，构思精巧，给人以沉稳安详之美感。

省身克己效复過而求能　　　　　　敬軍慎言聰彩行之不遑

福

"福字图"座山影壁

位于雍和堂大门内，幅宽 3.2 米。因建于东厢房山墙处，又称座山影壁。

明清时期，民间崇尚以"福、禄、寿、禧"等吉祥文字装饰影壁，因为它直白地表达了人们对太平盛世、幸福安康、吉祥如意、多福多寿等美好生活的追求与向往。

主图案以夔纹衬底，中心留菱形空白，突出了画心巨幅行书"福"字的视觉效果。两侧设竹节柱，额枋置象鼻昂，周围铺夔龙、草龙、卷云、卷草等纹饰。正脊刻象征高洁、富贵的兰草和牡丹，为影壁营造出雍容华贵的氛围。竹节柱外侧有行书楹联："敏事慎言耻躬行之不远，省身克己欲寡过而未能。"上联大意：君子须勤勉处事、谨慎言谈，要以自身的修养距圣人的教诲太远为耻。下联大意：随时反省自己的行为，克服存在的弊病，因为人都非常希望自己少犯错误，却往往很难做到。

福澤

"福泽图"照壁

位于明清街雍和堂对面，幅宽 3.2 米。

这是一幅设计精美、制作细腻、造型典雅的户外座山照壁。

正脊中央刻牡丹、福瓜，两侧刻卷草蟠龙，寓意福禄富贵。额枋悬挂云雷纹镶边的砖雕牌匾"福泽"，意为福祉泽被。牌匾两侧置两对雕工精致的双层砖雕卷草纹镂空斗拱，斗拱间缝隙雕刻有吉祥花草雀替。额枋下置博风板，中央为砖雕阳刻、工笔写意"六合同春"图。画面上松、桐枝叶繁茂，两对鹤、鹿风姿悠然。两侧竹节柱端分别饰双升草龙相向呵护。

主图案描绘绚丽多彩的园囿图，上方祥云缭绕，烘托红日、弯月，左右苍松劲竹，寓意"松竹有节"。下端奇石庙宇，参差点缀有芭蕉仙草，好一幅福如日月、泽被桑梓的人间仙境！

主图案两侧装饰缠枝卷草纹佛手、藤蔓，枝繁叶茂，硕果累累，寓"福泽"永驻、绵延不断。下方台基刻"寿"字及草龙状祥云，须弥莲瓣围边，夔纹托底，完善了整体美感。

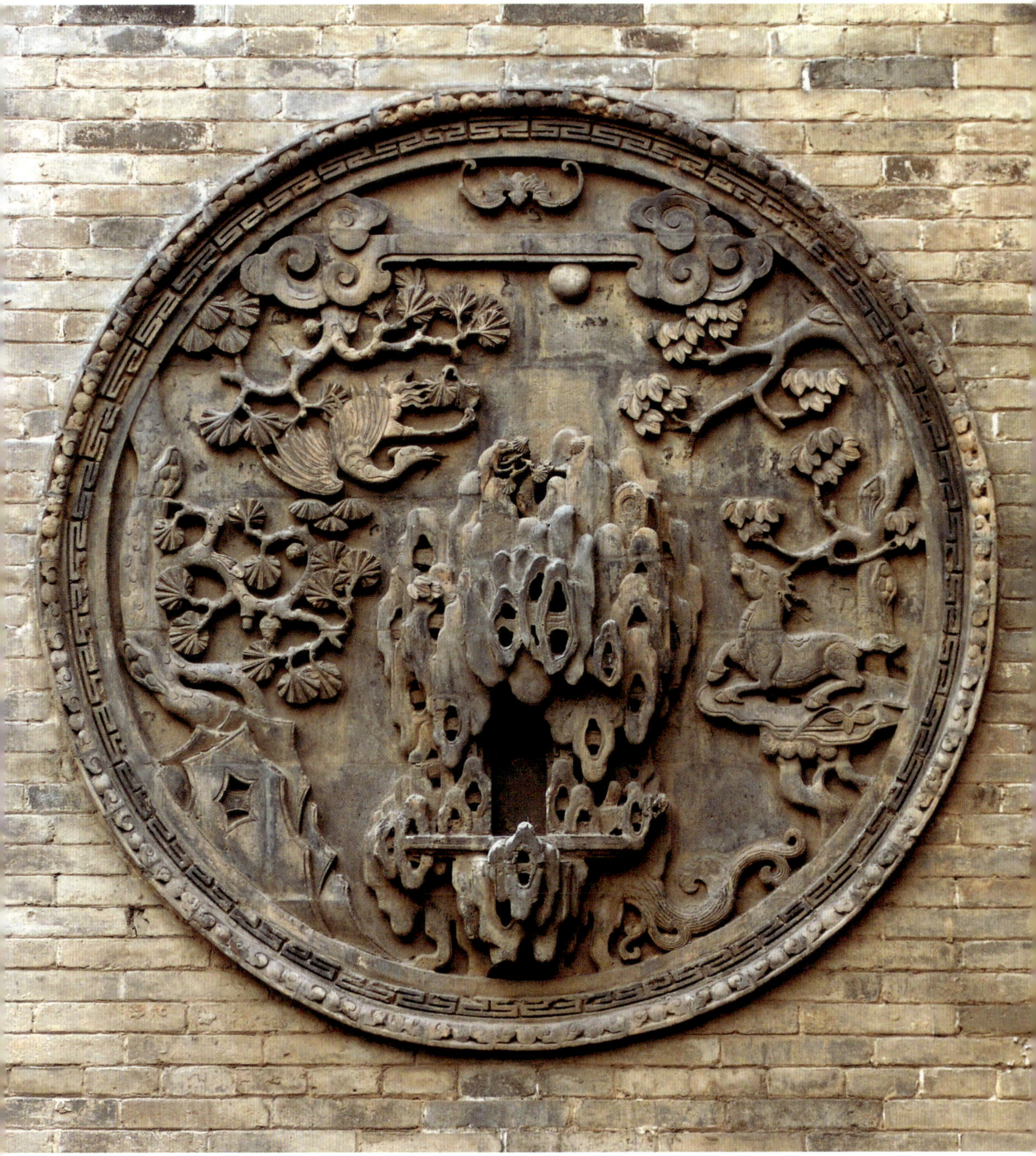

"六合同春"圆形影壁

位于谦和堂东厢房南山墙外，直径2米。

据记载，谦和堂应为十一世常秉祥的老堂，但实际情况似乎并非如此，因为此院仅是一座非常狭小的偏院。由于院落狭小，不适合制作规模考究的大型影壁，故只在门内西厢房山墙镶嵌了这幅造型简洁的圆形座山影壁。但正因如此，反倒为庄园增添了一种新的影壁模式。

影壁呈圆形壁挂形式，外框取匀称工整的如意、云雷纹修饰，画心自上而下刻倒悬蝙蝠、如意团云、红日高悬、桐松环绕，中下方设四层重叠高浮雕仙洞状神龛。神龛外奇石异草，其间瑞鹿安卧、仙鹤飞舞、灵鼠攀缘、草长莺飞。众多寓意美好的吉祥景物点缀出繁华明媚、海晏河清、歌舞升平、六合同春的太平景象！远远看去，宛如一幅"蟾宫月桂图"悬挂宅院内，使人有赏心悦目、心旷神怡之感。

道涵壽禧賀富能訓帷永年

德滋福祿積善之家有餘慶

"三星在户"影壁

位于养和堂前院，幅宽 3.9 米，影壁用青石雕制而成。

上方刻卷云斗拱，间隔处刻松、竹、梅浮雕，横枋饰如意卷云。额板刻镂空高浮雕"狮子滚绣球"图案，以盘绕彩带连接。主图刻"福、禄、寿"三星，他们脚踏祥云，神态安详，笑容可掬。福星持如意居中，禄星捧鹿茸居右，寿星一手捧寿桃，一手执龙头拐杖居左。拐杖上端系吉祥葫芦，开口处有五只蝙蝠鱼贯飞舞，寓意"五福捧寿"。

我国古代关于"福、禄、寿"三星的传说源远流长，据说最早源于远古先人对星辰的自然崇拜。古人按自己的意愿赋予其非凡独特的人格魅力，道教曾对其大加推崇，统治者也曾借助他们实施王道教化。随着历史变迁，三星逐渐褪去神圣的光环，进入寻常巷陌、千家万户，成为人们祈愿理想生活的象征。据传，"福、禄、寿"三星每 3000 年才得一聚，是大吉大利之兆。把"三星在户"作为影壁立于宅院，形象地表达了人们对太平盛世、福禄安康的美好憧憬。

两侧楹联："德滋福禄积善之家有余庆，道涵寿禧资富能训惟永年。"大意：以品德滋润福禄，行善积德的家庭才能年年有余、岁岁吉庆；以道义涵养寿禧，富足兼有修养的家族方可昌盛隽永、绵延不断。

龍馬精神海鶴姿　芝蘭氣味松栢□

"鹿鹤图"照壁

位于明清街养和堂对面，幅宽 2.8 米。

照壁构图简洁，造型工整。上方顶脊刻莲花卷草，中央为莲叶承托的四朵含苞莲，两旁各一朵盛开的莲花，其间有卷草盘绕。横枋间饰有象鼻出昂，两边由草龙呵护；中间夔纹插架内刻有寿桃，寓吉祥长寿之意。主图案上方为祥云揽日月，下方异石如波涛起伏。异石上方镶嵌有高浮雕莲瓣神龛，神龛上仙鹤凌空，口衔灵芝仙草，左侧立雄鹿回首翘立。主图案右侧双松参天立地，针叶茂盛，枝干苍劲；左侧岩石上点缀有兰草。基座下方束腰中央刻夔纹捧蝠，两侧各刻二草龙对峙。

竹节柱两旁雕刻有楹联，因年代久远已部分损坏。文字内容是：芝兰气味松筠操，龙马精神海鹤姿。其中，芝指灵芝，兰为兰草，皆被古人视为吉祥之物。"松筠操"三字已损坏，意指竹子和松树的高尚节操。"龙马"，据《尚书中候·握河纪》载："伏羲氏有天下，龙马负图出于河。"大意：相传伏羲时黄河出现龙马，背负"河图"，洛水出现神龟，背负"洛书"，伏羲就根据龙马和神龟驮来的"图、书"演画成八卦，成为《周易》的来源。

讀儒推文集足可墨心

為聖賢行萬方能陰品

"鹿鸣图"座山影壁

位于客房院东厢房山墙，幅宽 3 米。

客房院原属相邻的体和堂所有。嘉庆年间，体和堂主人、十一世常秉儒响应朝廷号召，捐资赈灾有功，被诰封从三品游击将军加二级，同时受诰封的还有九世常万达，十世怀玿、怀玗、怀玠、怀佩。体和堂一时高朋满座，秉儒遂修建此院。

鹿一向被视为瑞兽，《诗经·小雅·鹿鸣》有"呦呦鹿鸣，食野之苹。我有嘉宾，鼓瑟吹笙"。以"鹿鸣"为影壁，体现了主人的慷慨好客。鹿在方言中谐音"禄""六"，寓福禄寿禧、六六大顺之意，包含了古人对祥和美好生活的祈愿，于是以鹿为影壁在民居建筑中普遍出现。

影壁构图简洁，格调典雅，正脊刻夔纹，中央一头小鹿恬然安卧，鹿顶有团云盘绕。额枋饰两对如意云纹斗拱，下方为双降草龙。主图案中央，一头梅花鹿昂首站立，右前肢弯曲微抬，身体正跃跃欲动。左侧置太湖石，周围点缀修竹、灵芝、芭蕉、兰草等吉祥花草。上方弯月当空，祥云缭绕，下面潺潺流水，通畅顺达，整幅画面呈现休闲淡泊、优雅升平格调。

主图以竹节柱围框，外侧刻楷书楹联：仿圣贤行为方能滋品，读儒雅文集足可养心。大意：君子只有效法圣贤的行为，才可能滋养成高尚的品性；学习和研读诸子百家的文章，足以养心。

從文正梁行未予格言 遵温公家規君戴俗訓

"松鹤图"照壁

位于明清街客房院对面,幅宽3米。

正脊饰牡丹、莲花,寓意吉祥富贵。横枋刻"寿"字,两侧置卷草纹烘托团云出昂。主图案以竹节柱围框,中央刻仙鹤展翅回首、单足独立于云气纹异石上。鹤的身边,松、竹、桐等祥瑞植物环绕,脚下碧波荡漾。画面以中国画写意手法描绘,简洁而不单调,华贵而不张扬。两侧刻魏碑楹联:遵温公家范君戴(载)俗训,从文正操行朱子格言。下方辅框刻夔纹装饰。

这副楹联囊括了古代四位名人及其极有影响的家训、格言。其中,"温公家范",温公指北宋司马光,字君实,陕州夏县(今山西夏县)涑水人。编纂有《资治通鉴》,著有《涑水纪闻》《温公家范》等。"君戴俗训"应为"君载俗训"。"君载"指南宋袁采,字君载,衢州信安(今浙江省常山县)人。其作《袁氏世范》是一部童蒙读物,也称《俗训》,备受世人推崇,《四库全书提要》曰:"固不失为《颜氏家训》之亚也。""文正操行","文正"指晚清时期政治家、文学家曾国藩。道光十八年(1838)进士,因镇压太平军有功,曾任两江总督、武英殿大学士。同治十一年(1872)卒,谥号文正,有《曾文正公全集》遗世。"朱子格言","朱子"指明末清初朱用纯,字致一,号柏庐,江苏昆山人。明代生员,清初居乡教授学生,治学提倡知行并进,著有《治家格言》(又称《朱子家训》)等。

載德

四書六經原本濟世文章
三墳五典興卻是日幹家用

"厚土载德"座山影壁

位于体和堂正门内山墙，幅宽 2.8 米。

正脊刻夔纹"寿"字，寓意与天地齐寿，两侧以草龙烘托。额枋悬挂"载德"匾额。"载德"，意思是积德。匾额两侧饰镂空夔龙垂栏和草龙拱护的象鼻昂（因年代久远，惜已毁损）。横枋刻扇形饰框，框内刻宝相花。枋下额板刻夔纹钱币，竹节柱两侧分别刻麒麟。

主图案制作细腻华美，中部为土地堂神龛，龛内设供案、高台和雕花围栏，其上为三门歇山顶牌楼及土地神位。龛外铺夔纹、草纹框架，二含须翘首龙头与蜿蜒盘绕的草龙，高低错落，栩栩如生，愈显庄严和神秘。

竹节柱两侧刻楹联：三坟五典却是日常家用，四书六经原本济世文章。大意：熟读传说中远古时代的书，学好"四书"（《大学》《中庸》《论语》《孟子》）和"六经"（《诗》《书》《礼》《易》《乐》《春秋》），才能使家族兴旺、事业昌盛。下端须弥座束腰雕刻因风雨侵蚀，图案已模糊不清，隐约可见为兰花或仙草。

42 >

"祥瑞图"照壁

位于明清街体和堂对面,图案大致呈正方形,外框矩形,边长约3米。

照壁做工简朴,边缘无特别修饰。主图案四端饰卷草纹压角,画面以菱形方砖铺素底,中央刻竹节框,围绕石质圆形托盘,宛如"蟾宫桂月"悬挂于庭前。托盘内装饰雕刻精美,内容繁多,左侧刻松枝桂树,四周祥云缭绕,中央刻彩蝶翩飞,下方一对幼鹿口衔仙草奔跑嬉戏,右侧有仙鹤腾舞。方寸咫尺间聚集了如此众多的祥瑞珍奇,主人对生活的吉祥祈盼跃然壁间。

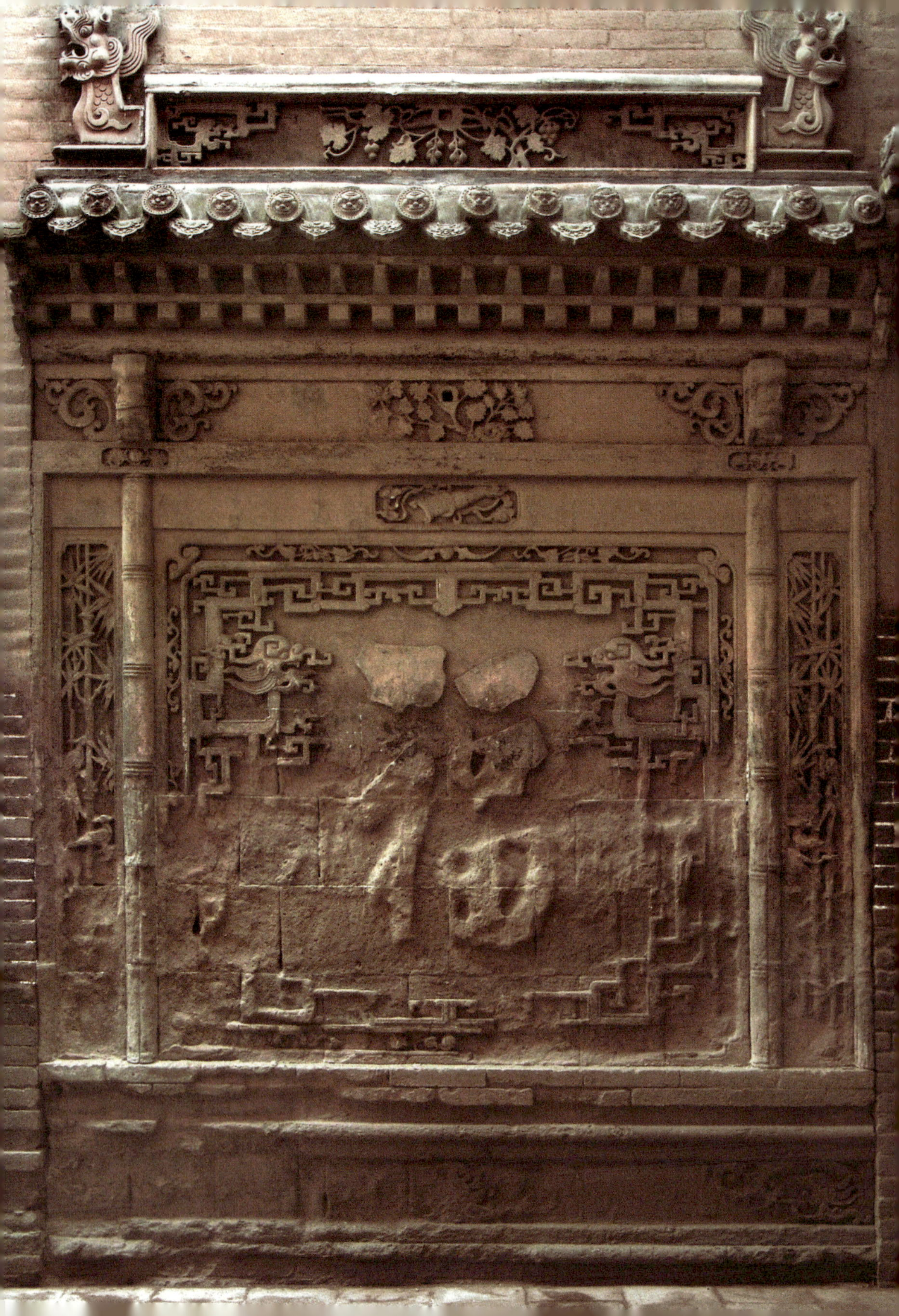

"福字图"座山影壁

位于广和堂正门内山墙，幅宽 2.45 米。

广和堂原为常万达长子长孙常秉獯（1783—1850）住宅。秉獯，字子嘉，少聪颖大气，成年后投身商海，年轻时曾担任常氏驻武夷山茶庄主要代表，晚年则长年在张家口主持总号事务。因其居宅修建较早，所留影壁也严重风化，残缺不全，但依稀仍可看出当年鼎盛时的风采。

影壁正脊刻葡萄秧蔓，枝繁叶茂，硕果累累，寓意家族世代兴盛、绵延不断，两侧刻双夔龙拱护。额枋上亦刻有葡萄，两侧置双草龙拱护的象鼻昂。主图案上方博风板，中央刻缠枝纹盘绕的古琴，显示出主人的文化品位与审美取向。主图案以浑厚方正的夔龙纹装饰，上方刻两个相向张口真龙头像，中央为一米见方楷书"福"字。竹节柱外框饰葱茏茂盛的修竹，其间隐约有绶鸟环绕，寓意家族事业节节向上，族人安康长寿。底框依稀有双降草龙对峙，中央为异草奇葩。影壁风格与相邻体和堂"厚土载德"影壁相仿，应属同一时期的作品。

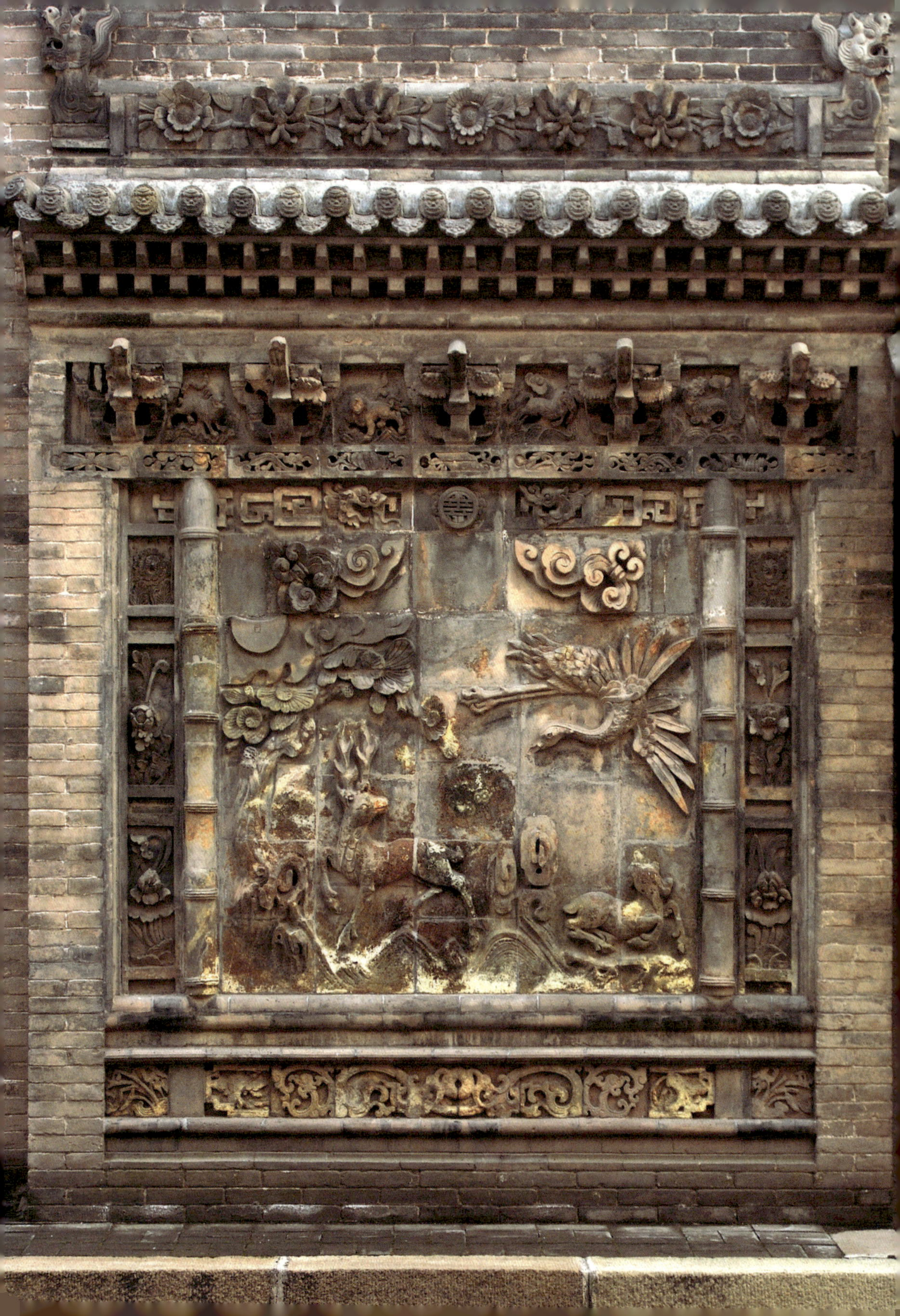

"鹿鹤呈祥"照壁

位于明清街广和堂对面，幅宽 3.2 米。

这是一面构思与制作都别具特色的照壁，面积虽不大，却明显感觉到其外朴内醇、藏而不露的风格。正脊用高浮雕刻七朵花卉，其中中央和两端三朵分别为由佛教题材变化而成的"宝相花"，左右各两朵象征吉利富贵的牡丹花。额枋置五朵斗拱，出昂以莲蓬呵护。横枋刻如意、兰草、灵芝、福瓜等组成的饰框，充分展示了中国古代的民俗祥瑞文化。斗拱间隔处，由左至右分别刻虎、狮、马、鱼。虎在民间被视为神兽，古代二十八星宿传说中就有东方苍龙、西方白虎；狮在佛教中被视为护法神兽；马据传为龙的化身，《晋书·元帝纪》有"五马浮渡江，一马化为龙"的记载；鱼谐音"余"，民间取谐音"连年有余"以祈求福祉，但图案雕刻的是一条腾跃于波涛之上的龙首鱼身，即正在向龙变换的鱼，对应了古人"鲤鱼跳龙门"的说法。

主图案上方刻"双龙捧寿"，左右两端夔龙图案各伸出龙头，拱护中央的"寿"字。其下为团纹祥云伴弯月当空、双蝶飞舞，寓意长寿安康。下方刻异石波涛、祥瑞花草，二神鹿或立或卧，一仙鹤展翅凌空，营造出浓郁的祥瑞之气。主图案两侧博古龛，分别刻牡丹、莲花等，为烘托吉祥氛围，起到锦上添花之作用。底框刻三组草龙纹图案，两端刻灵芝、仙草，使画面更趋完美。

百狝图

"诒穀"座山影壁

位于贵和堂正门内穿堂间山墙，幅宽4米。

这是一幅面积、制作都颇具规格的影壁，据说在山西各民居影壁中堪称第一。影壁以蒙金法烧制，敷盖红蓝五彩，配以蟠螭、饕餮、夔龙、卷草等传统纹饰，彰显出通灵、神秘和威严之神韵。

正脊以饕餮纹铺底，正中饰双耳三足香炉，两侧依次列典籍、笔筒、果盘等。果盘盛石榴、葡萄，寓多子多孙、多福多寿。其下为夔龙纹出檐，以钴蓝、镏金着色，彰显出华贵精美之气。额枋椽头刻朱色篆体"福"字，周边饰夔纹。椽头下刻卷云如意出昂，其下悬饕餮纹楹联头饰，中央置辟邪镜心。楹联用朱红魏碑体书写，内容为：大地灵钟肇启文明承景运，华堂瑞霭宏开富有衍心衢。楹联下方莲花须弥纹承托，两侧刻饕餮、夔龙勾连纹饰框。底座刻须弥纹，整幅画面无不显示出凝重典雅和威严大气。

壁心由340块贴金砖雕组成，横20行，竖17列，其中方篆286个，间夹炉鼎、壶盏、刀币、布币、铜钱等纹样54个。因系自创古篆，其意已无从查考，大抵为教人树德、立品之格言。影壁富丽堂皇，楹联大气磅礴，因采用传统工艺中制作昂贵的蒙金法烧制，所以至今仍保存完好。

寿

"首阳二贤"影壁

位于贵和堂正院穿堂门内，幅宽3米。

"首阳二贤"的故事，至今仍广为流传。据《史记》载，商末孤竹国君生三子，长子伯夷，次子中子，三子叔齐。国君欲立叔齐为君，叔齐认为不妥，后来便让位给伯夷。伯夷不愿违背父愿出走，叔齐也随之逃走。二人闻周文王仁善便去投奔，得知文王已殁，而其子武王正准备伐纣。伯夷、叔齐认为商是正统，遂"叩马而谏"，武王大受感动，愿善待奉养二人。周灭商，二人以归顺周朝为耻，矢志"不食周粟"，隐居首阳山采蕨充饥直到饿死。其事迹在中国历史上影响巨大，人们赞美他们的坚贞，称之为贤人、义士。

横枋刻三组饰框，中央为梅，两侧为兰草，上方三朵团云灵芝，两朵烘托两象鼻出昂。横枋下额板刻大叶莲花卷草，两侧刻楹联：承先一脉真传维忠维孝，启后两条正路曰读曰耕。旨在教诲子孙后代要秉承儒家的忠孝思想，要以耕读传家。楹联用夔纹、盘长饰顶，底部以莲花承托。影壁下方设须弥座台基，中央刻篆体"寿"字。束腰以云雷纹、须弥纹与弦纹镶边，给人恬淡、沉稳与庄重之感。

主图刻两位素衣冠戴老者，居于云气纹状的写意山峦丘陵间，身后立两株枝干遒劲、针叶葱茏的苍松，似在向人们昭示二位先贤的高风亮节。波纹状山峦丘陵间，点缀有各色奇珍异草，寓意伯夷和叔齐隐居山野拾薇采蕨，使山野花草也沾上了灵气。

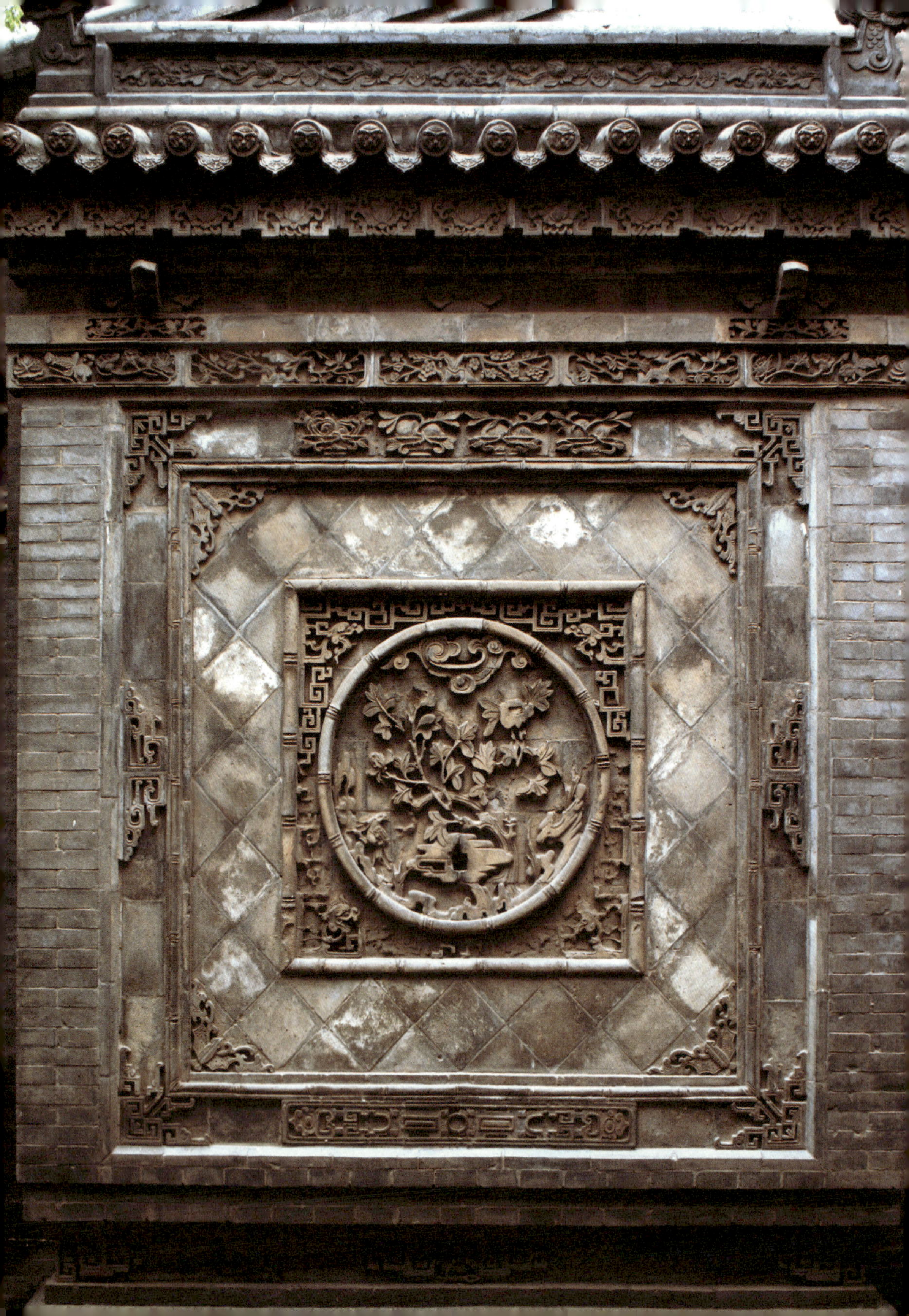

"长寿富贵"座山影壁

这是一幅结构舒展大气、布局端庄匀称的内宅座山影壁，位于贵和堂偏院通向后院的穿堂门内，幅宽3米。

贵和堂后院是主人研习书理，与族中子弟交流学术的地方，正厅为藏书楼，东西厢房是塾师、管家的住处。因位于正院正厅北侧，人们平时只能由偏门出入，在这个位置安放的影壁，其格调及品位当然不同凡响。

影壁主图案呈方形，上有正脊，其下有镂花博风护栏，额枋置出昂，主图案由内向外刻四层套框，台基用须弥座。正脊刻莲花、佛手、卷草，以藤蔓、荷叶连接，寓意吉祥多福、绵延不断。博风栏以夔纹衬底，镶莲花、卷草，雕刻精致细腻。额枋雕刻团云如意，两侧饰卷云出昂。额枋下面板刻梅、莲，正下方饰框刻石榴、佛手、寿桃等，寓意多子、多福、多寿。主图案中央用竹节方框套一圆框，圆框内刻牡丹、绶鸟、如意卷云，上方红日高悬，寓意富贵长寿、如日中天。方框内装饰夔龙纹，角端为对称龙头。内、外框之间以菱形砖铺素底，四角刻蝙蝠，寓意"四蝠捧寿"。外框及下方须弥座束腰均以夔纹、饕餮纹交叉装饰。

总览影壁，雕工细腻，布局亦精致大方，华贵而不事张扬，明清儒商之大家风范尽得展现。

"敦仁"影壁

位于贵和堂新院,呈"八"字形。幅宽7.2米,其中主幅宽4.2米,两侧幅各宽1.5米。

这是一幅规格与形制仅次于常氏宗祠外"百寿图"八字照壁的居宅影壁,但从整体格局及制作的精美程度上又远胜于前者,在常家庄园乃至晋商民居中均为不可多得的影壁精品。

影壁雕工细腻,造型典雅秀丽。图案由上至下依次为:顶脊中央饰五朵高浮雕卷草牡丹,两侧饰干枝寒梅。额枋镶云雷纹砖雕"敦仁"牌匾,两侧不设山昂,而改为砖雕椽头;椽头以雕刻细腻的盘旋双降草龙蜿蜒拱护,椽心刻博古,内饰茶壶杯盏。横枋刻蟠螭、夔纹,中央刻八宝盘长,两侧刻篆体"寿"字。横枋下饰框亦雕刻蟠螭、夔纹,中央篆书刻"福寿禄禧"四字,两端有盘长护佑。枋心下立柱顶端刻精致蝠蝠饰框,应为楹联悬钩装饰,惜楹联已磨蚀无法辨认。壁心

影壁（照壁）

主画面雕饰同样精美，周边刻夔纹铺底，上方中央狭窄处以盘长连接。其下隐约有真龙颈项，项端有砖雕插槽，估计龙首已剥落遗失。上端夔纹博古分别置祭祀托盘，内盛寿桃、佛手，寓多福多寿；外侧置文房"二宝"书箱和画卷。主画面下方相对宽敞，中央刻四层高浮雕洞龛玄武殿。玄武，又称真武大帝，为二十八星宿中主宰北方的神祇，据传他还专司掌管天下之水。常氏开辟万里茶路，南起福建武夷山，北至蒙古、俄罗斯，其间要经过众多大江大河。为祈求茶路商事平安，常氏供奉这位神祇也属顺理成章。

敦仁影壁护墙文字格言

右：能知勤俭享人生千万福，能节欲荣贤科名成大儒，能孝亲尔子穷欢照样行，能教子后代兴隆全在此，能足受阖家欢乐无嗟怨。

左：能谦和遍地人饱暖事多，能读书延年却病精神足，能安分得失承通都不问，能忍耐作个懦夫无祸害，能谨言是非争讼不牵连。

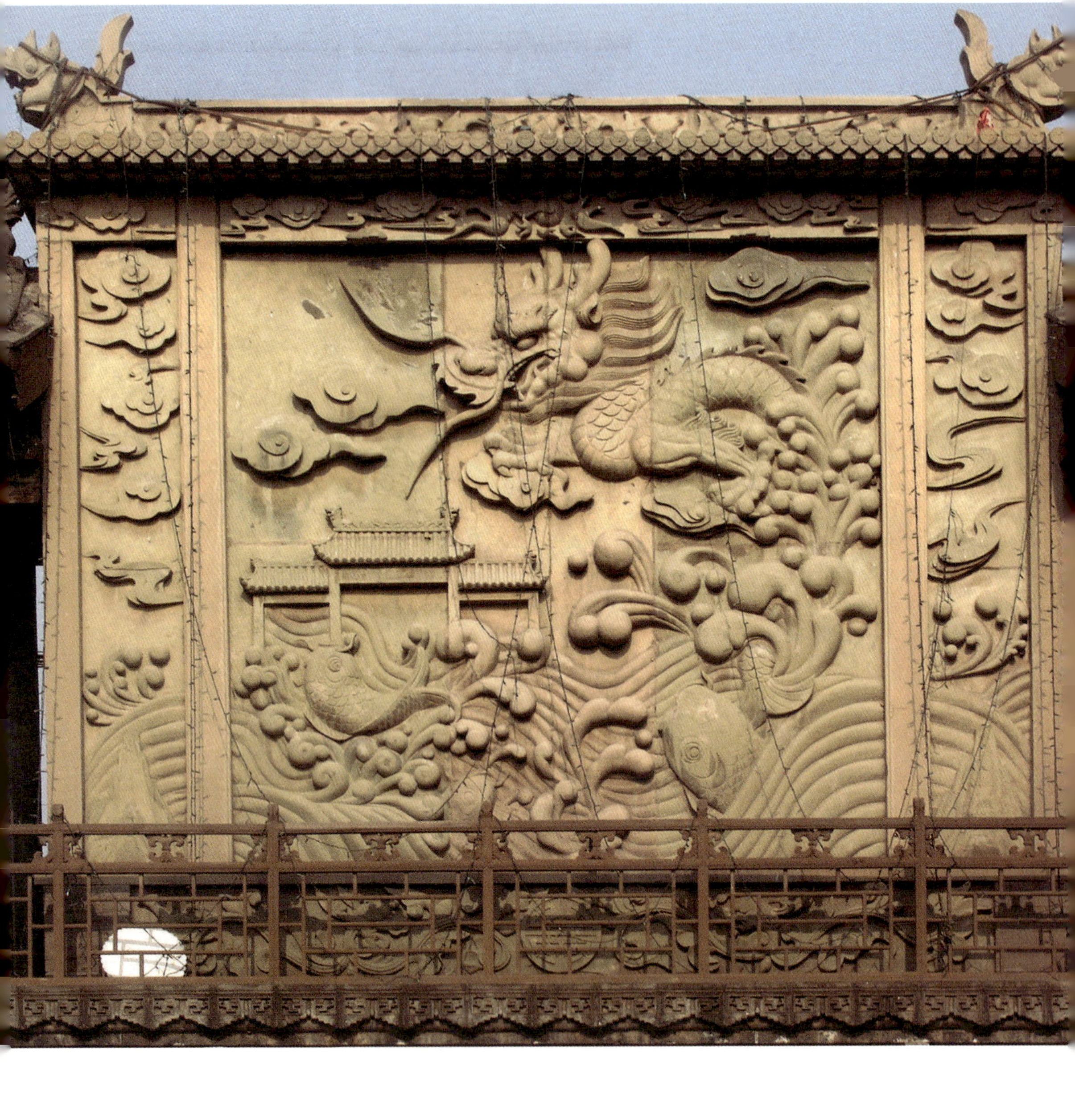

"鲤鱼跳龙门"照壁

位于明清街西端大西门门楼，青石整体雕刻，幅宽约 8 米。

取材于古代民间"鲤鱼跳龙门"的神话传说。相传，在远古龙门没凿开时，居住在黄河孟津渡一带的鲤鱼想去洛阳龙门山观光。它们从孟津出发，经洛河来到龙门，因水路断绝只能聚集山下。一条红鲤鱼自告奋勇先跳龙门，它全力纵身一跃，并带动云雨一同向前，竟跳过龙门山，瞬间腾空变成一条巨龙。鲤鱼们见状很惶恐，巨龙说："我就是你们的伙伴红鲤鱼，现在跳过龙门变成龙身了！"鲤鱼们备受鼓舞，争先恐后跟着跳，但大多跳不过，只有极少数化为龙身。诗仙李白因而题诗：黄河二尺鲤，本在孟津居。点额不成龙，归来伴凡鱼。"一登龙门、身价百倍"也成为历代平民百姓的向往和追求。大型石雕照壁"鲤鱼跳龙门"形象地刻画了这一情景。

主图案上方一条身姿矫健的巨龙凌空飞舞，左侧为象征祥瑞的四柱三檐牌楼"龙门"。画面下方浪花飞溅、波涛汹涌，数条鲤鱼争先恐后、跃跃欲试。上方和两侧饰吉祥团云和卷云，下方饰吉祥卷草，参差间夹莲叶和福蔓，使整幅照壁呈热烈和祥瑞之气。

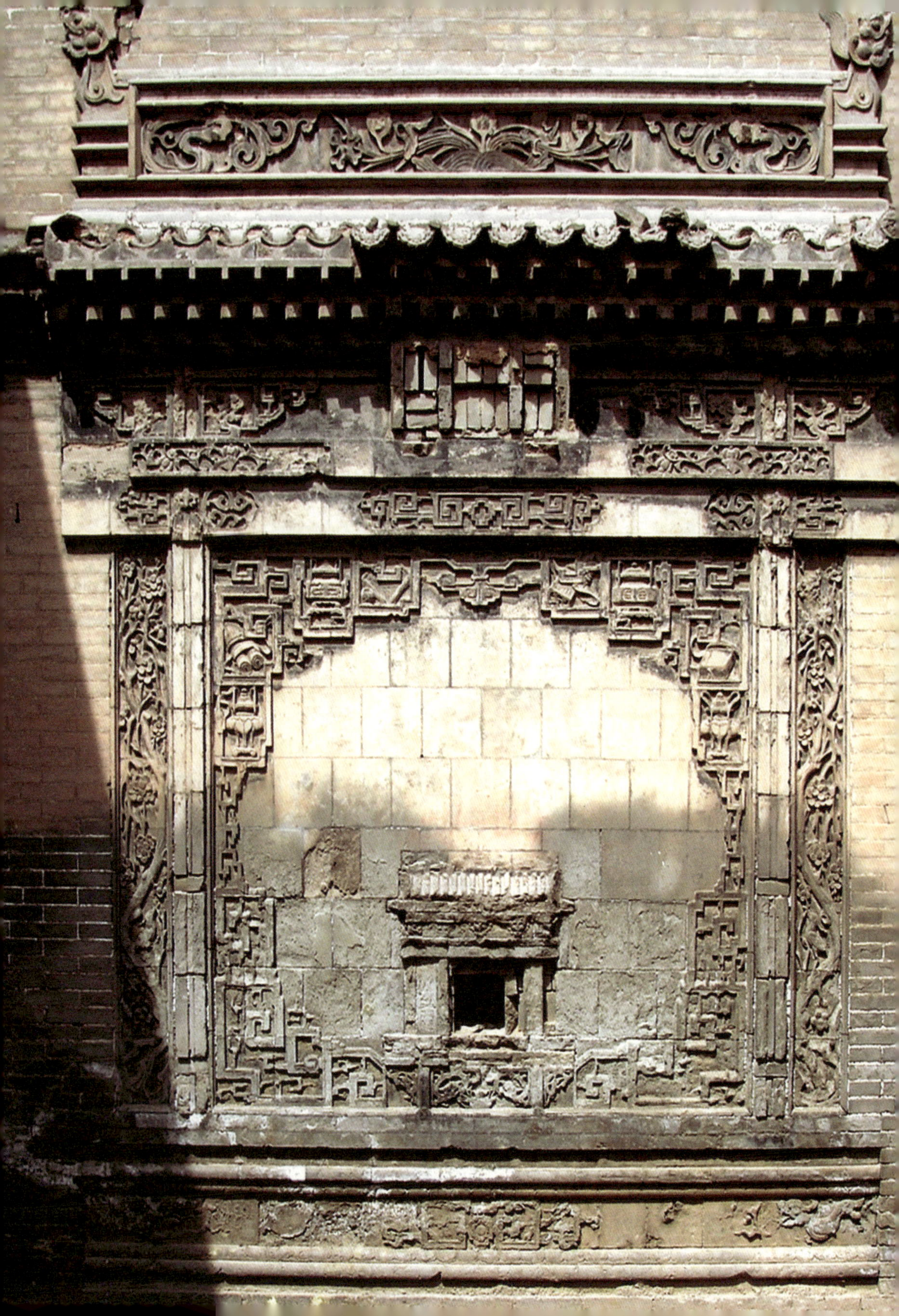

老宅残壁

位于明清街南侧原体和堂老宅院内，坐西向东，幅宽 3.2 米。

该院不属景区开发范围，现仍由常氏后人居住。因位于明清街南侧，开园时亦未作修缮。或许正因为此，才使人们有了与景区内影壁相互对比的参照。纵览全貌，虽历经沧桑，影壁仍给人古朴稳健、精巧细腻之感。因年久失修，上方出檐及瓦当已残缺不全，额枋匾额也已毁损，故无法确定其名称。下方土地神龛的出檐、台基等也多遭凿蚀。

从装饰看，正脊刻莲花卷云纹，两侧有对峙双降草龙，中央是发散状卷草，隐约有荷叶、兰草、莲等图案。横枋处出昂已毁坏，仅以碎砖填充。两侧夔龙架内镶干枝梅。横枋下饰缠枝卷草框，下方额板刻夔纹饰框。立柱上方有饕餮状楹联挂钩，但柱身与楹联均已损坏。主图案中央留空白，环边饰夔纹博古，框架内自上而下、由里向外分别刻琴、棋、书、画和"文房四宝"，间夹双耳方形樽、三足鼎炉等，寓意吉祥太平。两侧刻繁茂的缠枝纹梅花，下方束腰有夔纹、缠枝纹盘绕。束腰两端为对称相向双夔龙，昂首张口，形态生动。虽年久损坏严重，仍不失清代影壁本色。

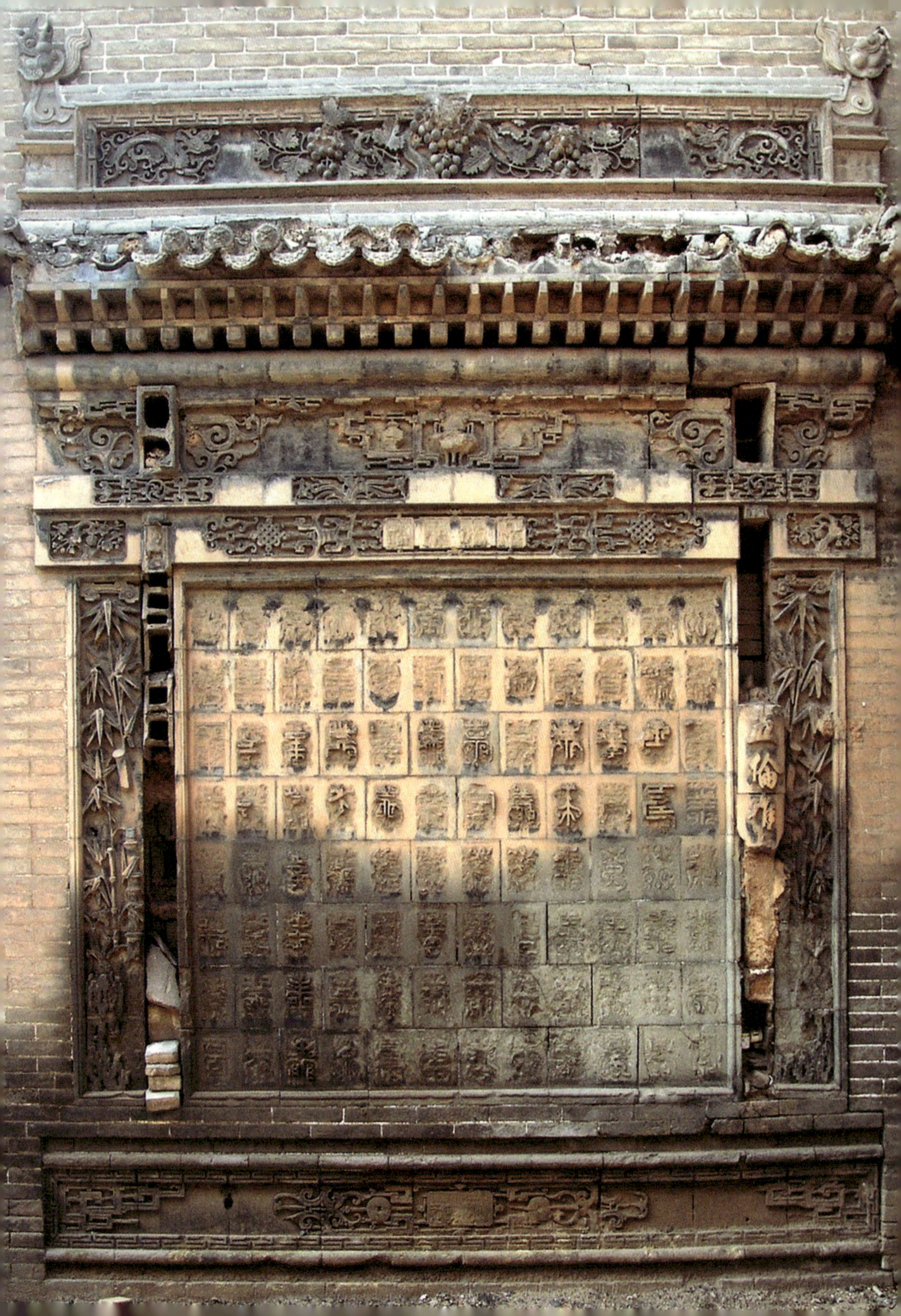

"百寿图"老宅残壁

位于明清街南侧，与前述残壁同在原体和堂支堂宅院内。影壁坐南向北，幅宽 3.2 米。

正脊刻葡萄缠枝纹浮雕，两侧饰制作精美的双升草龙。额枋上出昂已缺失，两面有草龙纹拱护。枋中刻夔纹博古，框内置三足双耳鼎炉、花瓶和茶壶等，寓太平盛世、平安福禄之意。横枋刻四幅饰框，框内分别为丛兰和夔纹、饕餮纹勾连。枋下博风板刻二夔龙博古插架，镶嵌有做工细腻的八宝盘长结，其间刻篆书"福禄寿禧"字样。壁心主图案有横 12 行，竖 8 列，计 96 个篆书阳刻"寿"字，惜因风雨剥蚀，字迹已残缺不全，难以辨认。壁心两侧原悬挂楹联，从残留的右侧一截辨认，仅余正楷行书"五伦唯"三字，足以推断当年完整时具有的风姿和韵味。楹联两侧为修竹饰框，竹枝密集簇拥，下有太湖石陪衬，使画面饱满充盈。基座以云雷纹镶边，中央和两侧分别刻夔纹，其间勾连钱币纹样，当寓财源茂盛、事业发达之意。

"松鹤图"影壁

位于静园观稼阁底座前台基，幅宽 2.1 米。

观稼阁是常家园林静园的主题建筑而非居宅，"松鹤图"镶嵌于它的基座前宽阔的墙面，似已不具备影壁的地舆和风水意义，仅为吉祥即兴小品。图案由内至外分三层，壁心以云雷纹镶边围框，框内刻云松奇石及两只仙鹤，寓松鹤延年之意。圆框外套竹节方框，框内四角分别刻石榴、桃、佛手等吉祥瓜果，寓多子、多寿及多福之意。外围刻水纹饰框，框内绘梅、莲、葡萄、瓜蔓及吉祥卷草，综合理解，大致为祈愿家族兴旺、多福多寿、绵延昌盛。

主题花墙

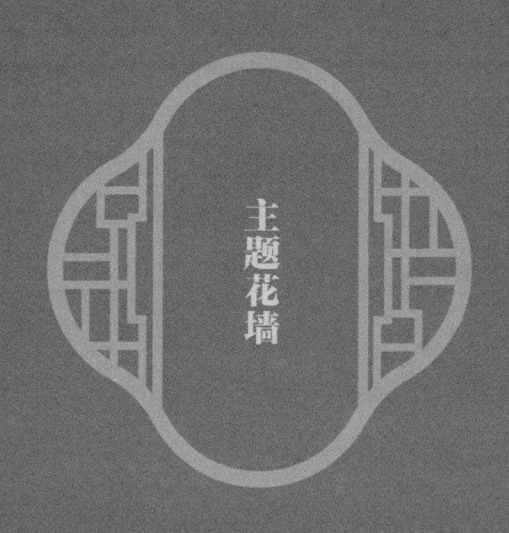

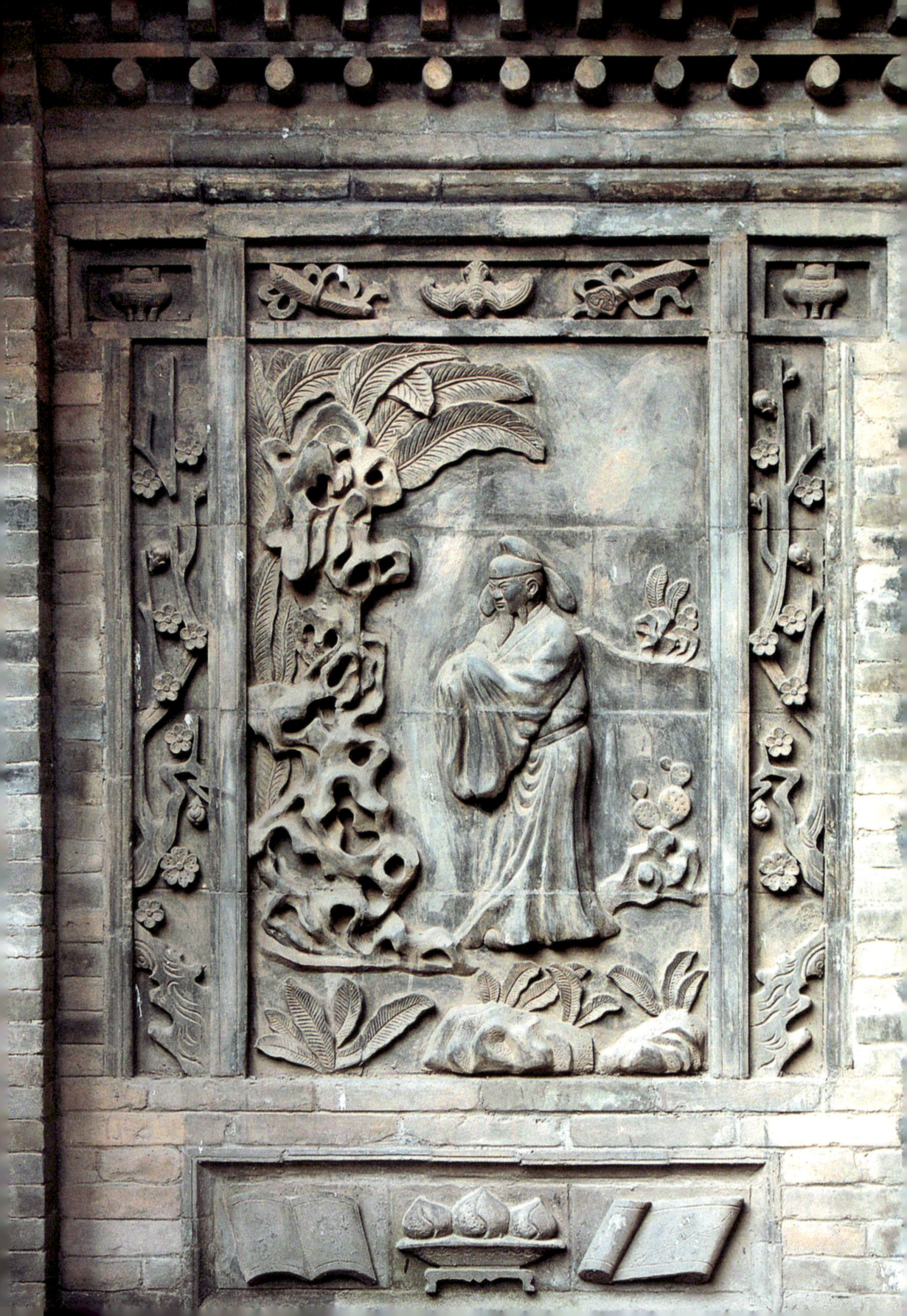

"米芾拜石"花墙

位于节和堂正院夹牌楼门侧,高 2 米,宽 1.3 米。

米芾(1051—1107),初名黻(fú),后改芾,字元章,号襄阳居士,北宋著名书法家、画家、收藏家、鉴赏家。祖籍太原,至米芾时迁居襄阳,后定居润州(今江苏镇江)。米芾善诗,工书法,擅长篆、隶、楷、行、草书。初师欧阳询、柳公权,后转师王羲之、王献之。与苏轼、黄庭坚、蔡襄并称宋代四大书法家,传世墨迹有《蜀素帖》《研山铭》《苕溪诗帖》《草书九帖》《多景楼诗帖》等。其绘画擅长枯木竹石,尤工山水。因生性乖僻,貌似颠狂,人称"米颠"。宋徽宗曾召他为书画博士。

米芾嗜好收藏异石到了痴迷程度。据《梁溪漫志》载:米芾在安徽时,听说濡须河边有奇石,人谓神石,便命人搬回府中,洒扫上供,沐浴更衣向怪石下拜,口中念念有词:"石兄!弟盼望见你已 20 年,今日终得相见,实乃三生有幸。"此事传出后,有人以"有失官体"弹劾,米芾终于被朝廷罢官。但米芾淡泊功名,并无悔意,后专作《拜石图》表明心迹。元人倪镇有《题米南宫拜石图》诗:"元章爱砚复爱石,探瑰抉奇久为癖。石兄足拜自写图,乃知颠名不虚得。"可见米芾对奇石的喜好。今人赏石四大要诀"瘦、漏、透、皱"即由他提出。

"米芾拜石"花墙以浮雕形式,描绘了米襄阳衣冠齐整,站立在挺拔秀丽的太湖石旁,正在作揖叩拜。背景以芭蕉叶衬托,两侧框饰干枝寒梅,花墙外框饰蝙蝠、如意、蟠桃、书卷等吉祥图案,左右上角刻平安鼎炉。整体寓意傲岸高洁、安康长寿。

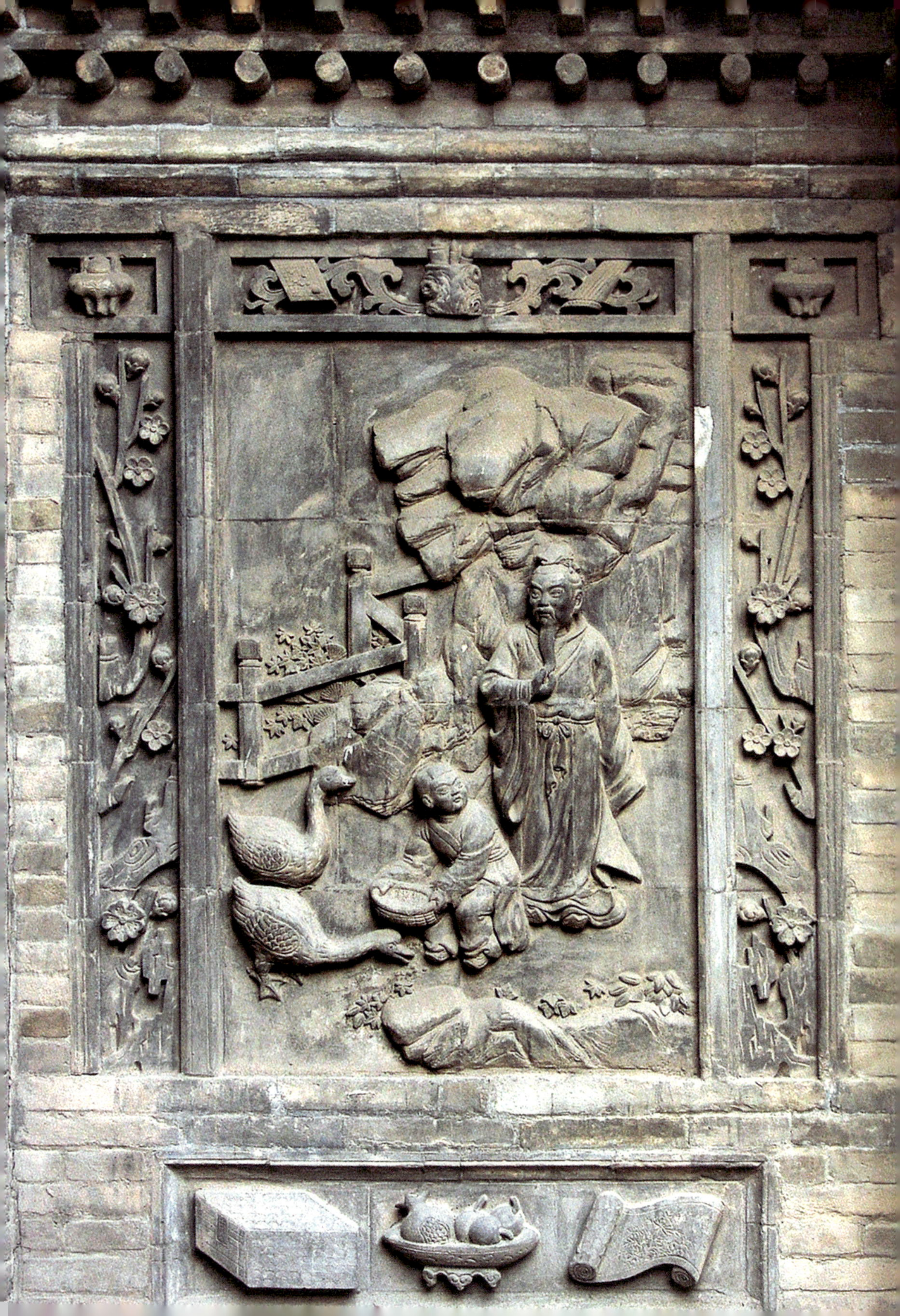

"羲之爱鹅"花墙

位于节和堂正院夹牌楼门侧,高 2 米,宽 1.3 米。

王羲之(321—379 或 303—361),字逸少,琅琊临沂(今山东临沂)人,后迁会稽山阴(今浙江绍兴),东晋大书法家。出身书法世家,官至右军将军,世称"王右军"。七岁拜著名女书法家卫夫人学习书法,以后渡长江北游名山,博采众长,草书师法张芝,正书得于钟繇。经观摩学习、融会贯通,终自成一家,达到"贵越群品,古今莫二"的高度,被后世尊为"书圣"。

与两汉、西晋相比,王羲之书法最显著的特征是用笔细腻,结构多变。他一改之前质朴呆板的书风,笔法精致,神韵兼得。王羲之草书浓纤折中,正书势巧形密,行书遒劲自然,把汉字的书写从实用引向注重技法、情趣的境界,著有《乐毅论》《黄庭经》《东方朔画赞》《兰亭序》等。

传说,王羲之认为养鹅不仅能陶冶情操,还能从鹅的体态和姿势领悟到书法中执笔、运笔的道理。日久竟成为怪癖,无论哪里有好鹅,他都亲赴观赏或购回品玩。据传,某次羲之和其子献之乘舟游历,见岸边一群白鹅形态动人,动了爱慕之意。得知鹅主人是位道士,便请求转卖。道士答:"大人想要,就烦请代我书写一部《黄庭经》吧!"王羲之求鹅心切,欣然应允。这就是"王羲之书法换白鹅"的故事。

花墙主图案描绘了王羲之神态专注、手捻须髯,正在观赏书童饲喂白鹅的情景。背景饰奇石异草、曲径围栏,一派幽雅别致的儒雅之气。上方装饰框中央置笔筒,两侧饰卷云如意托棋盘、古筝,外端刻双鼎,寓意吉祥太平。侧幅以干枝梅做框,寓"梅花香自苦寒来"之意。下框饰书箱、画卷,中为石榴等蔬果。琴、棋、书、画代表诗书礼仪,石榴寓子孙满堂、家业兴旺。古代儒家文化与传统民俗文化浑然一体,尽现其中。

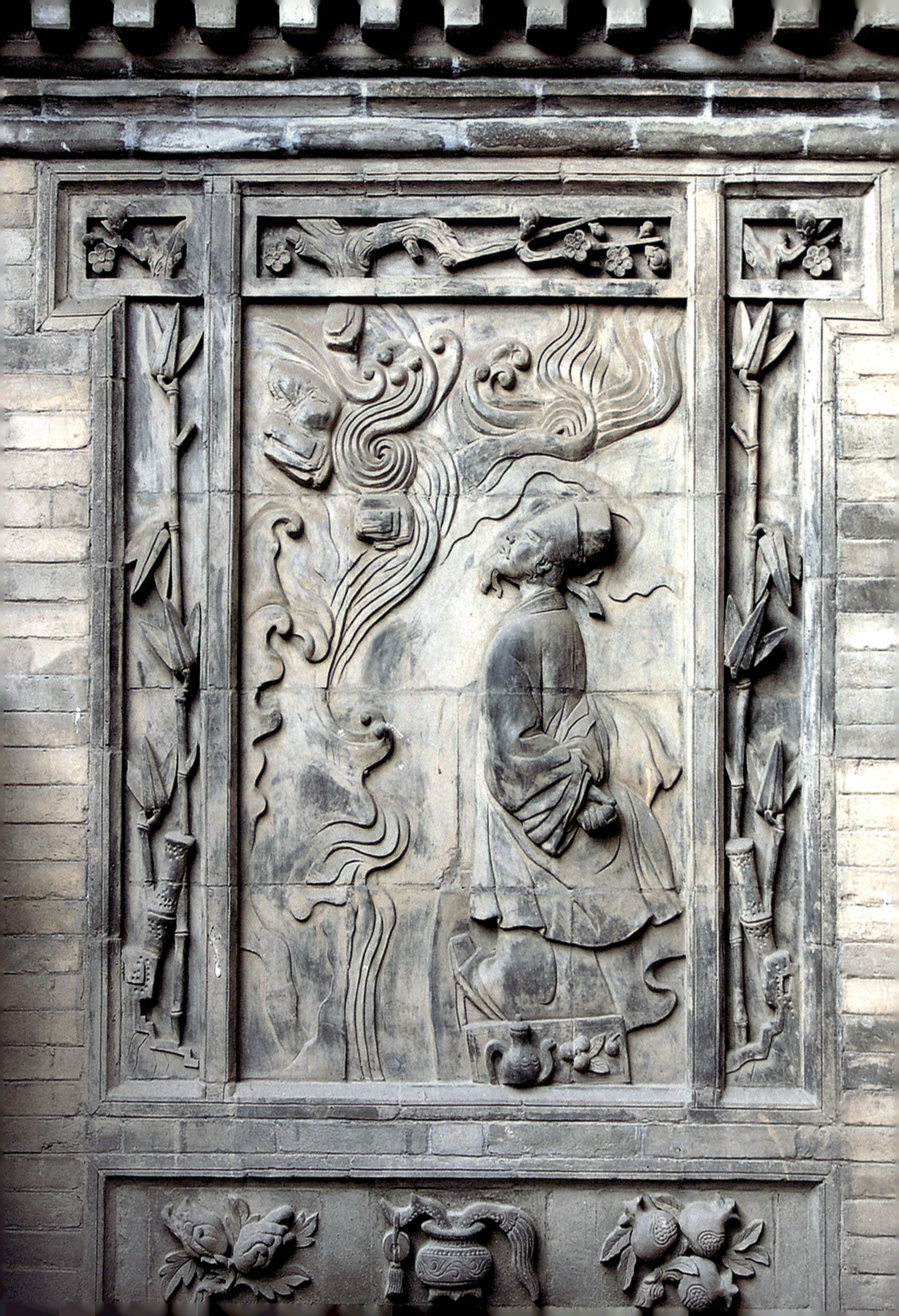

"太白醉酒"花墙

位于人和堂正院夹牌楼门侧，高 2 米，宽 1.3 米。

李白（701—762），字太白，号青莲居士，唐代伟大的浪漫主义诗人，被誉为"诗仙"。其诗风豪放飘逸，想象力丰富，语言流转自然，音律和谐多变。他善于从民歌、神话中汲取营养素材，构成其特有的瑰丽绚烂的色彩，是屈原以来积极浪漫主义诗歌的新高峰，与杜甫并称"李杜"，是我国历史上最伟大的诗人之一。

主图画面绘诗人衣冠肃整，昂首伫立，身旁置几案、酒壶和果蔬，背景绘波涛翻卷的大写意云气纹，仿佛在酒后正吟咏着豪放不羁的锦绣诗篇。人物、几案、云涛动静结合，暗喻诗人心潮澎湃，诗兴湍泻，气势磅礴，一代"诗仙"飘逸洒脱的形象跃然壁间。

辅框装饰，顶框饰干枝梅，两侧饰劲竹，象征诗人志趣高雅、桀骜不驯。下端中央刻花瓶，内插如意、拂尘，两旁刻佛手、石榴。花瓶和如意寓平安顺利，石榴和佛手寓多子多福，均为民俗文化中象征吉祥之饰物。

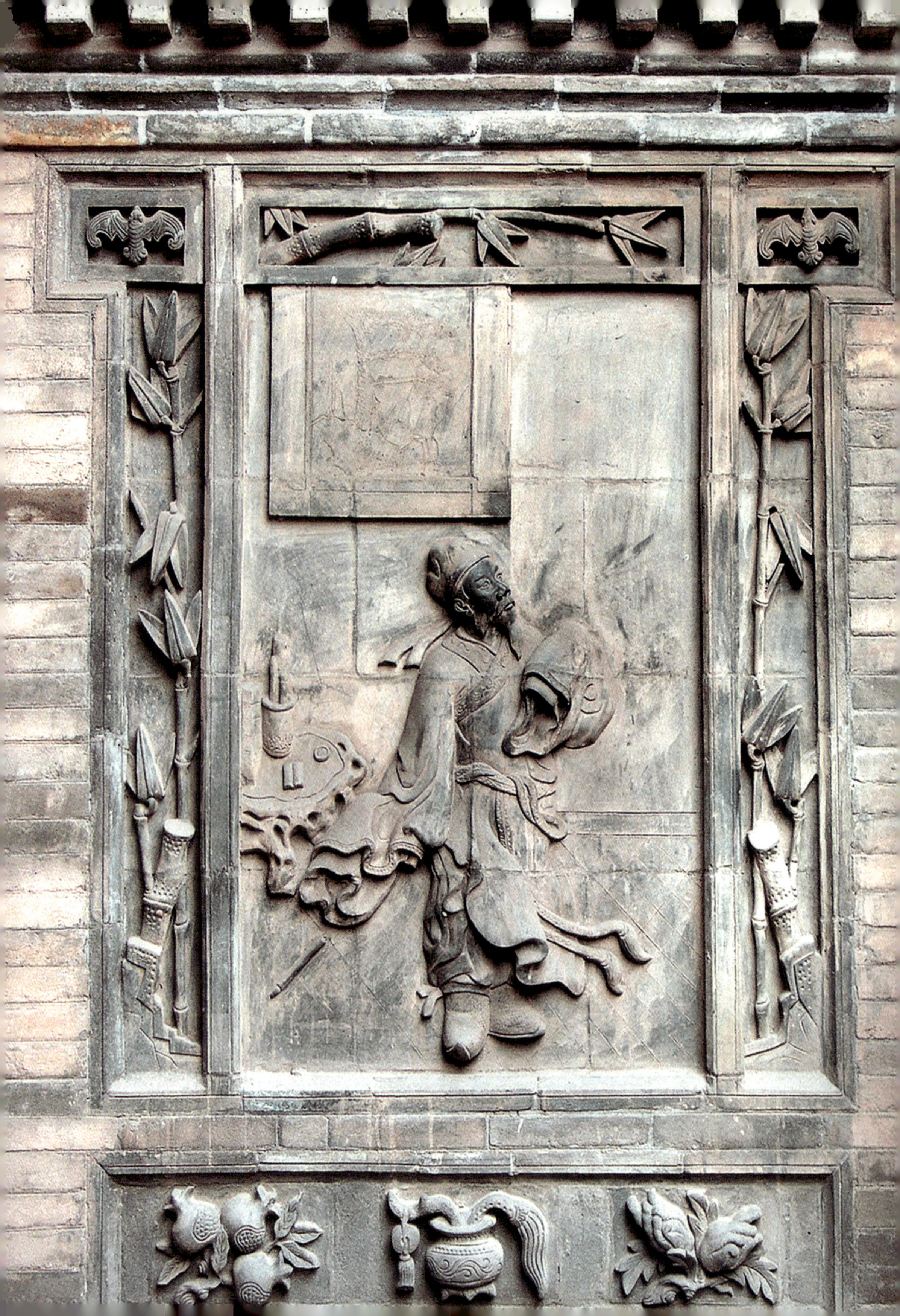

"杜甫赋诗"花墙

位于人和堂正院夹牌楼门侧，高 2 米，宽 1.3 米。

杜甫（712—770），字子美，号少陵野老，湖北襄阳人。杜甫远祖为西晋著名学者杜预，祖父是初唐诗人、唐近体诗奠基人杜审言。肃宗时，杜甫官至左拾遗，后曾任检校工部员外郎，世称杜拾遗、杜工部。

杜甫生活于唐朝由盛转衰的历史时期，中年经历"安史之乱"，其诗多记录社会动荡、人民疾苦，被誉为"诗史"。因其诗歌讲究韵律，已至极致，且多忧国忧民之作，杜甫又被尊为"诗圣"。杜甫善于运用古典诗体并加以创造性发展，是新乐府诗的开拓者。诗律上卓具创造性，积累了声律、对仗、炼字炼句等完整的经验，使古典诗歌达到完美成熟的阶段。后世将杜甫与李白齐名，世称"李杜"，有《杜工部集》传世。

主画面中，诗人麻履布衣，神态忧郁，身后置几案、笔筒，地下掷一毛笔。仿佛诗人刚刚吟咏完忧国忧民的诗篇，心情还沉浸在激愤忧郁中不能自拔。辅框装饰与相邻的"太白醉酒"花墙相仿，不同之处是顶侧图案改为蝙蝠，中框以竹节装饰。

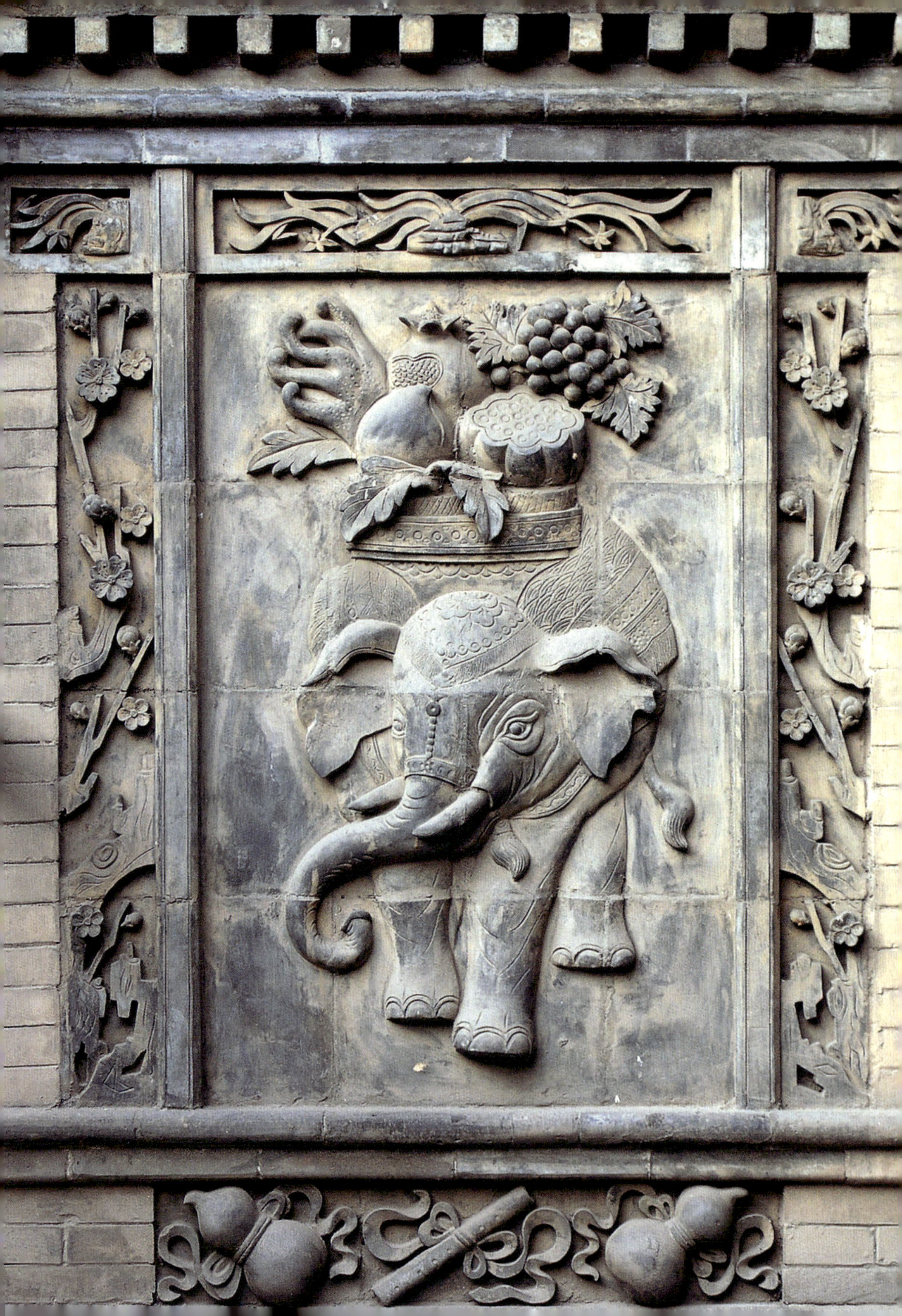

"太平有象"花墙

位于慎和堂正院夹牌楼门侧，高 2 米，宽 1.3 米。

"太平有象"是我国传统民俗中的吉祥纹样。"瓶"与"平"同音。白象是佛教中普贤菩萨的坐骑，被视为瑞兽。所以民间以白象驮宝瓶、瓶中插花卉，作为祈求吉祥的图案，寓意人民安康、盛世太平。"太平有象"也叫"太平景象"，形容海晏河清、物阜民安。

主图画面雕刻一头硕大的白象，象身有吉祥花纹，象背驮花篮，篮中盛佛手、寿桃、莲蓬、葡萄等吉祥瓜果。民间以佛手象征多福，寿桃象征多寿，石榴、莲蓬和葡萄均象征家族人丁兴旺、多子多孙。顶框饰兰草、水仙，两侧饰梅花。梅、兰均名列"花中四君子"，寓意高洁淡雅；水仙有仙家瑞气，意为祈求神仙护佑。底框刻如意彩带系葫芦、笛子，传说分别是八仙中铁拐李、韩湘子使用的法器，又称"暗八仙"。把它们安放在这里，寓意太平盛世全仰赖于各路神仙护佑。另，"葫芦"在方言中是"福禄"的谐音，有双重吉祥含义。

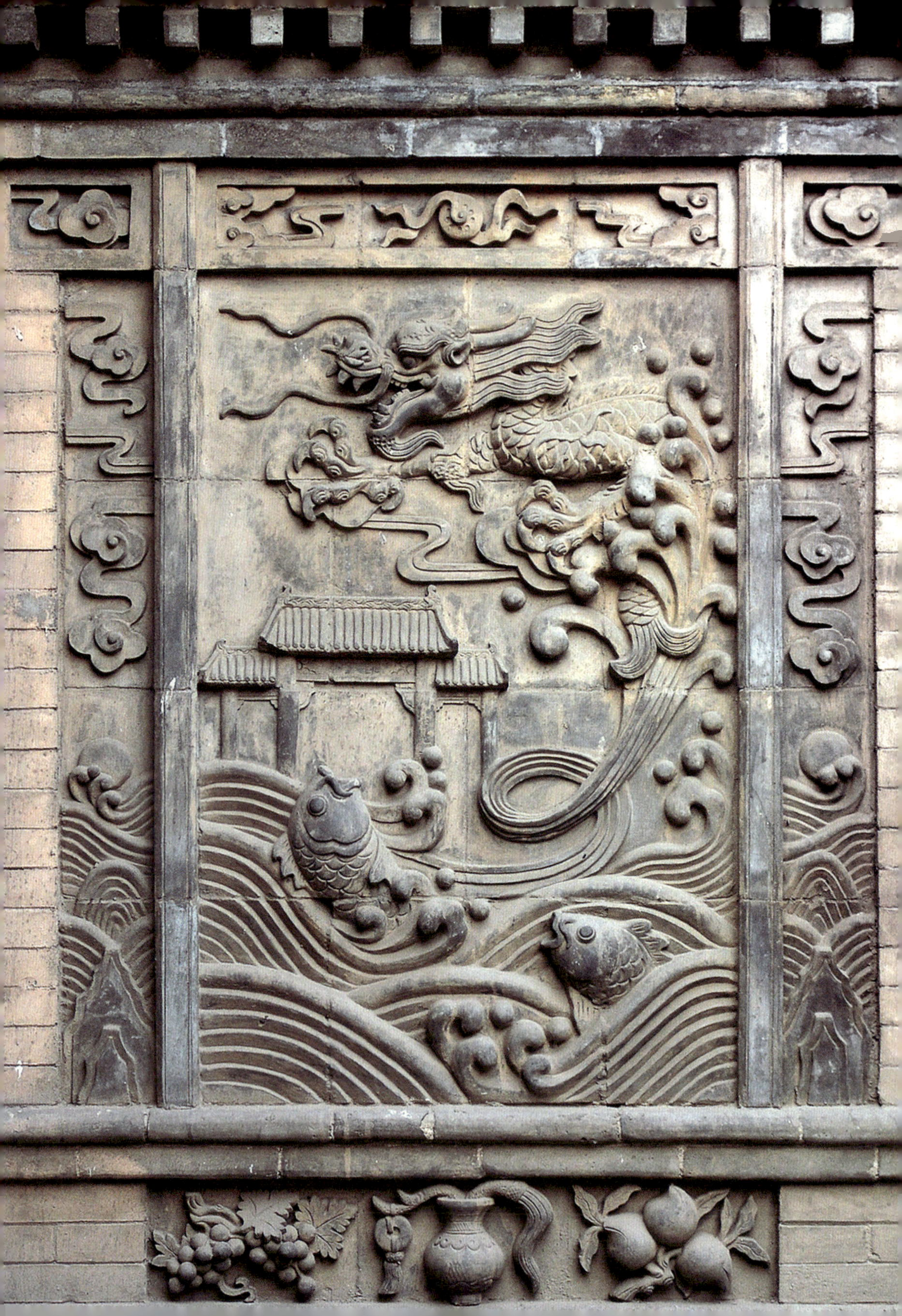

"鲤鱼跳龙门"花墙

位于慎和堂正院夹牌楼门侧，高 2 米，宽 1.3 米。

"鲤鱼跳龙门"的传说详见明清街同名大型照壁的有关介绍。

花墙主图案上方刻巨龙凌空飞舞，左侧刻四柱三门牌楼式"龙门"，下方波涛汹涌、水花飞溅，几条硕大的鲤鱼翻腾其间、跃跃欲试。外围辅助框上方和两侧饰吉祥团云、卷云及风火轮，下框刻吉祥花瓶、如意、拂尘，两侧饰葡萄、寿桃，寓意吉祥如意、多子多寿。

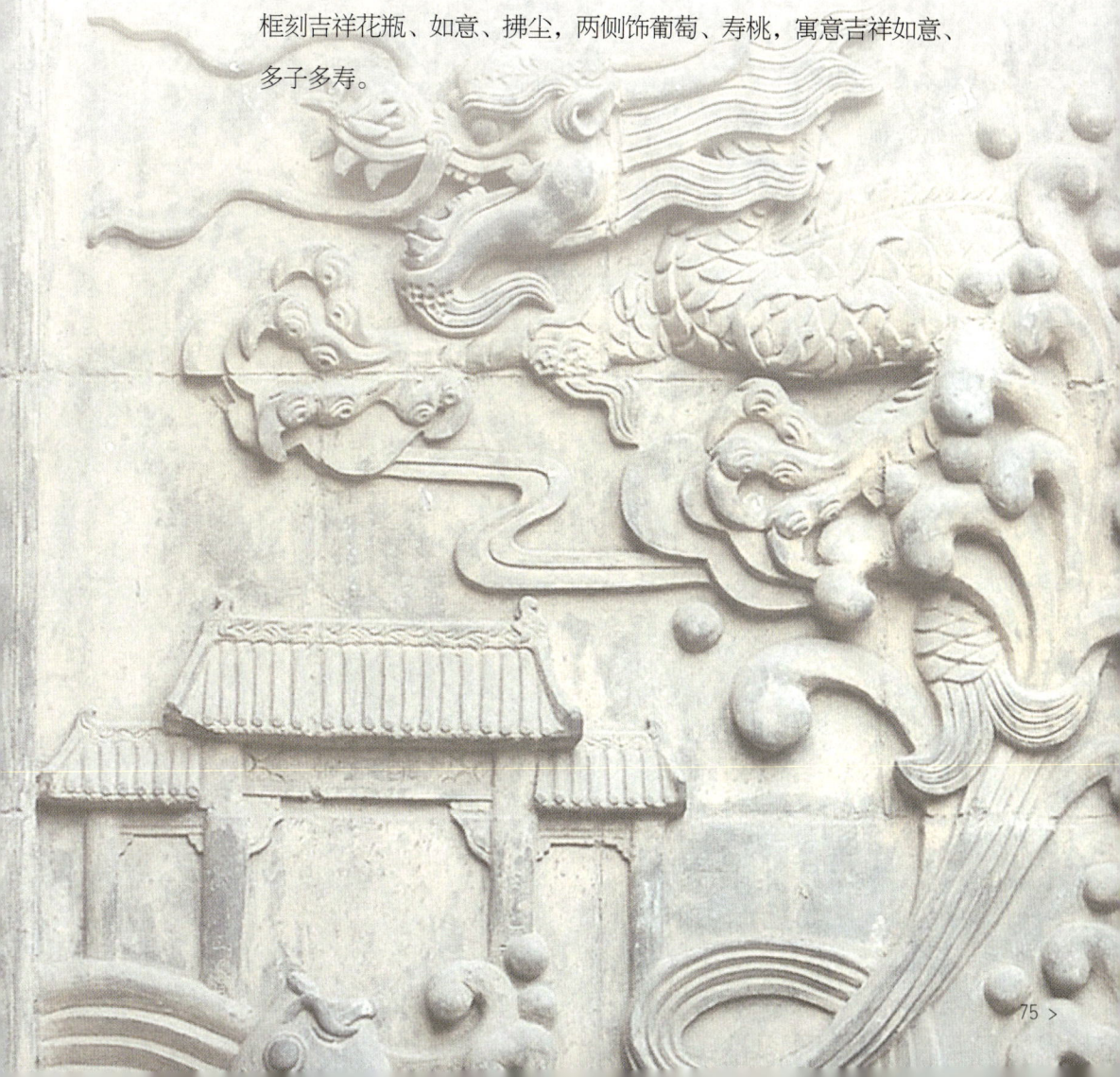

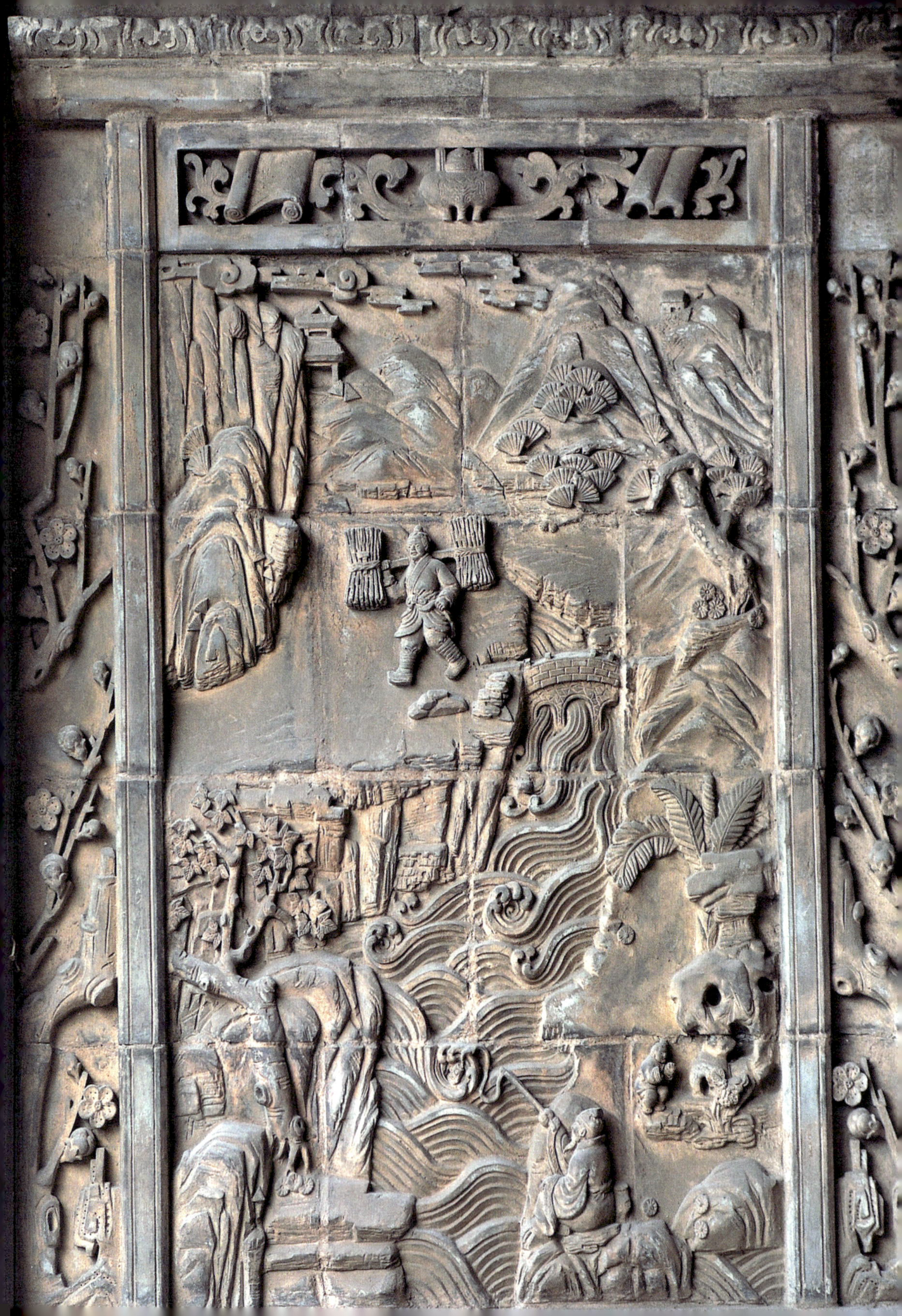

"渔樵图"砖雕壁挂

位于石芸轩书院门厅内廊侧，高 1.5 米，宽 1.1 米。

"渔樵耕读"是我国古代民俗画常用题材。渔，指东汉严子陵，曾与光武帝刘秀同窗，刘秀很赏识他，称帝后多次邀他做官都被拒绝。严子陵淡泊功名，一生不仕，隐居于浙江桐庐，垂钓终老。樵，指西汉朱买臣，自幼酷爱读书，但出身贫寒，只能靠打柴为生。其妻不堪受穷，改嫁他人，朱买臣仍自强不息，熟读《春秋》《楚辞》等，后来当了汉武帝的中大夫。元代有杂剧《渔樵记》，专门写朱买臣"马前泼水"的故事。

壁挂刻写意山水画，下方峡谷溪畔、芭蕉梧桐、小桥流水、波涛翻滚，岸边端坐一手执钓竿老者，正甩钩安心垂钓。上方丛山环绕，草亭茅舍，青松掩映，祥云缭绕，山间一樵夫正肩挑柴草疾行。外框为吉祥图案装饰，上方中央刻三足双耳鼎，两侧饰如意云纹，衬托"书""画"图案。主图案两侧为"岁寒三友"之傲雪寒梅。

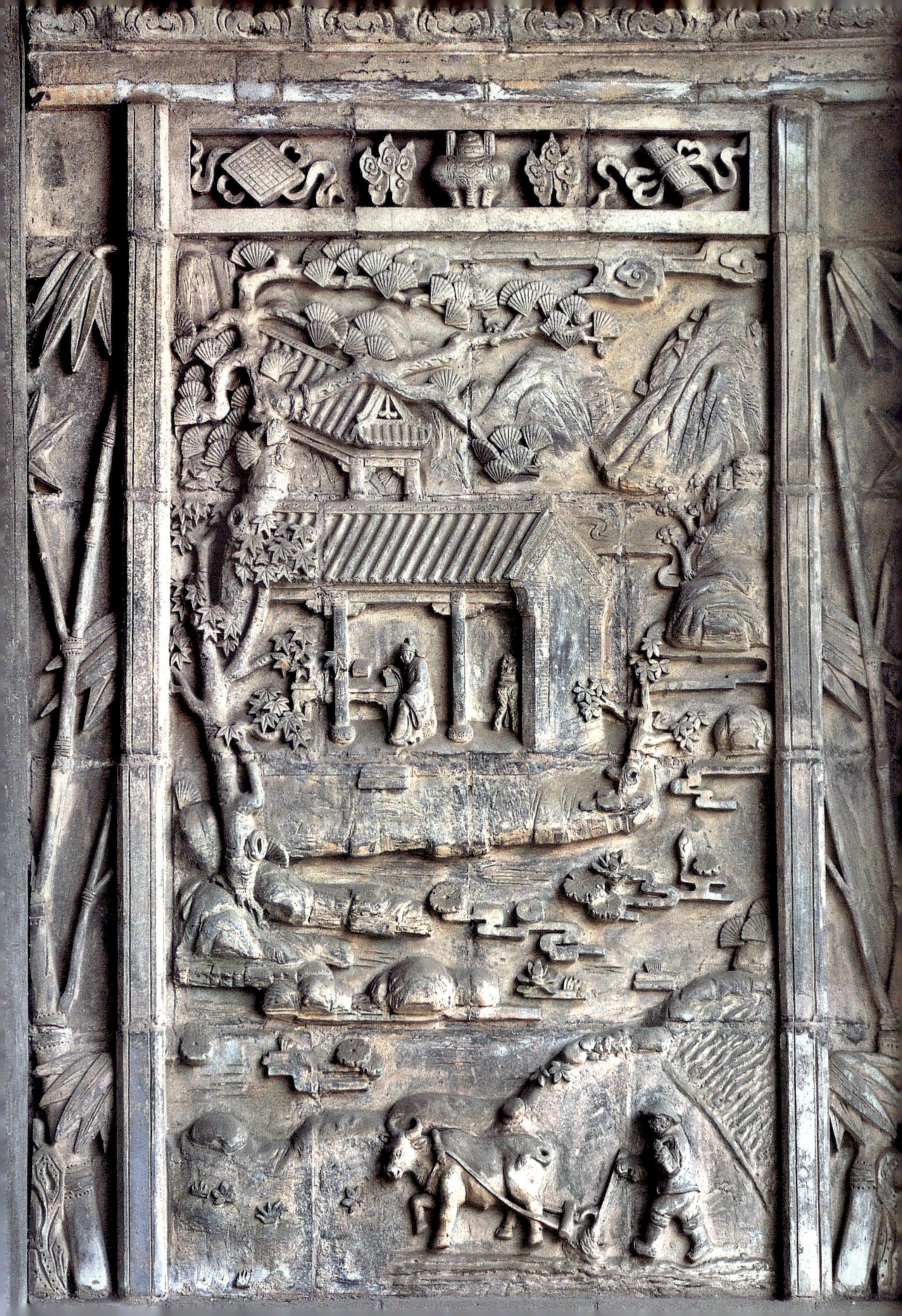

"耕读图"砖雕壁挂

位于石芸轩书院门厅内廊侧，高 1.5 米，宽 1.1 米。

耕，指远古时期，舜在历山下教人民耕种以摆脱愚昧和饥饿的故事。读，指战国苏秦故事。苏秦，字季子，东周洛阳人，出身农家，素有大志。他埋头苦读，游说于各国合纵抗秦，终于挂六国相印，出人头地。"渔樵耕读"曾是封建农耕社会人民的主业，代表了当时民间的四种基本生活形态。古人欣赏和颂扬"渔樵耕读"，意在激励人们应以积极进取的精神对待生活，今人则以此表达对悠闲淡泊的田园生活和人生境界的向往。

壁挂上方刻写意园囿，有亭台阁榭耸立，松桐环绕，祥云笼罩，廊壁间端坐一书生正伏案苦读。下方刻田亩阡陌，有头戴草笠老者正扶犁耕耘。外框有吉祥装饰，上方中央刻三足双耳鼎，两旁各五朵如意团云，外侧为"琴""棋"图案。主图案两侧为"岁寒三友"中的劲竹图。

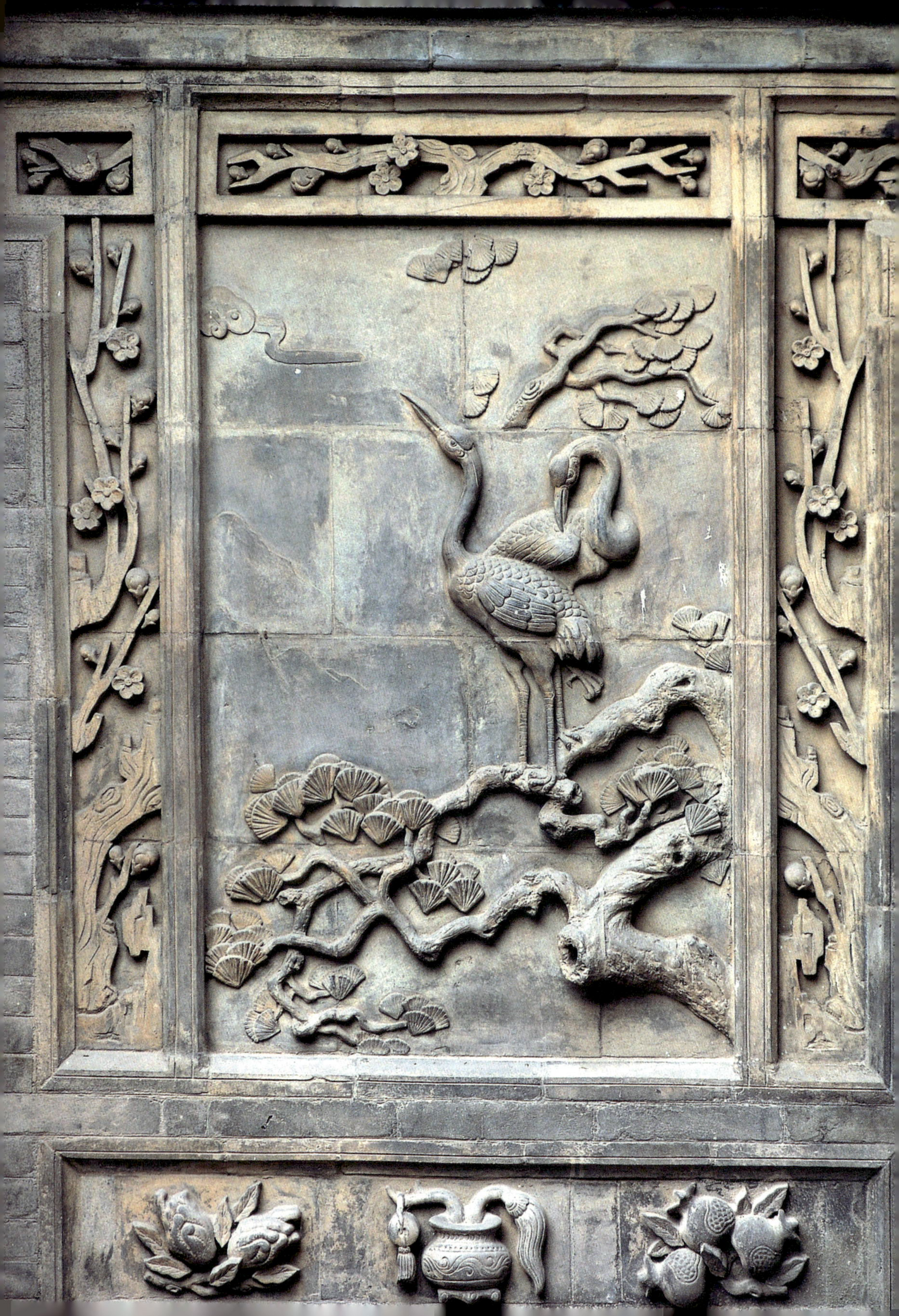

"松鹤延年"花墙

位于体和堂正院夹牌楼门侧，高 2 米，宽 1.3 米。

松，因能凌霜傲雪、四季常青为世人称颂，被赋予高洁不群的形象。《诗经·小雅·斯干》有"秩秩斯干，幽幽南山。如竹苞矣，如松茂矣"的誉美，松的这种意义后来为道教所接受，成为长生不死的象征，被用来祝贺寿诞。鹤也是被道教神化的禽类，被视为出世之物，成为高洁、典雅的象征。传说中，得道之士往往乘仙鹤往返，高人雅士也时与仙鹤为伴。由于鹤被赋予了如此丰富的内涵，在民间被视为仙物，据说它可以长生不死，成为脱俗和长寿的象征。鹤立松枝，两种象征长寿的祥瑞之物集于一图，称"松鹤延年"，是民间喜闻乐见的一种吉祥图案。

主图案刻遒劲苍松，上方有祥云飘逸，两只气质高雅、体态修长的仙鹤从容伫立于松枝顶端，呈现一派祥和灵瑞之气。画心周围刻傲雪寒梅，下方刻花瓶，插如意、拂尘，瓶的两旁刻佛手、石榴。花瓶寓意吉祥平安，石榴和佛手寓意家族兴盛、多子多福。

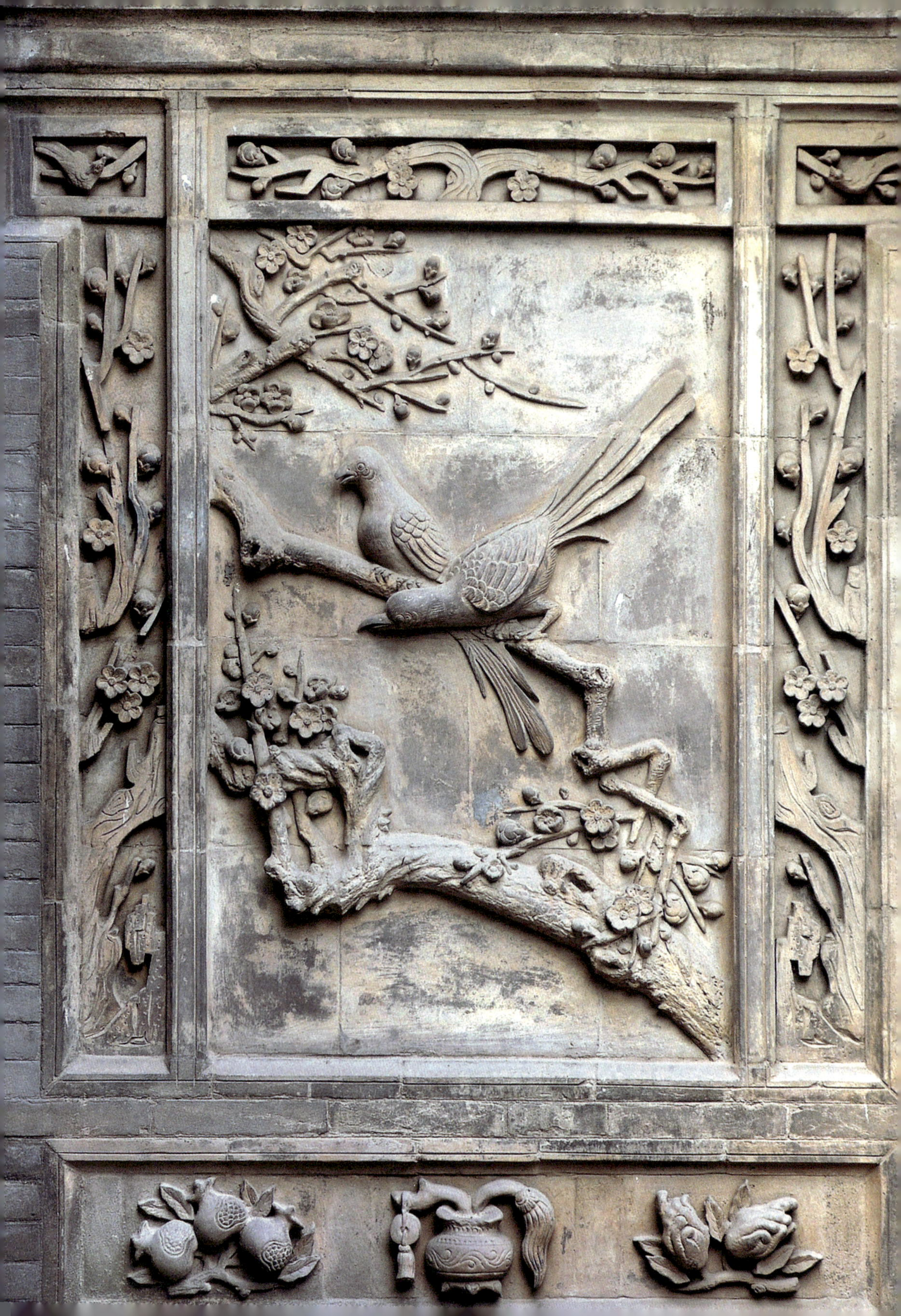

"喜鹊登梅"花墙

位于体和堂正院夹牌楼门侧,高 2 米,宽 1.3 米。

喜鹊在民间一向被认为是专司报喜的吉祥鸟。梅花于冬季绽放,因不畏严寒、凌霜傲雪,名列"岁寒三友"和"花中四君子",又因盛开于百花之前,被视为报春花。喜鹊立于梅枝,把两件象征吉祥与喜庆之物集于一体,无异于吉上加吉、喜上加喜。依喜鹊之"喜"、梅花之"梅"谐音,又有"喜上眉梢"的吉祥含义。

主图刻盛开的寒梅,枝端立两只喜鹊相伴嬉戏,寓意"好事成双"。画心周围饰傲雪寒梅,下方刻花瓶,插如意、拂尘,花瓶两旁有寿桃、佛手,寓意平安祥和、吉祥如意、多福多寿。

"石榴黄鹂"花墙

位于客房院正院夹牌楼门侧,高 2 米,宽 1.3 米。

石榴,自古便是吉祥瓜果,因花开如火、遍染层林,浆果众多、晶莹剔透,在民间以"榴生百子""多子多福"享有美誉。黄鹂是一种瑞鸟,明代的低级文官补子上就绣有黄鹂,以寓意吉祥尊贵。"石榴黄鹂"很早就作为民间常见的吉祥图案。主图刻繁茂的枝叶间结三颗硕大饱满的石榴,有两只小巧玲珑的黄鹂嬉戏其间,周围团云缭绕,增添了吉利祥瑞气氛。环边饰框刻云松、鼎炉、竹等图案,寓意高洁、鼎盛、节节高升。下框刻"暗八仙"法器——汉钟离蒲扇和韩湘子仙笛,寓意太平盛世、吉祥天佑。

"锦上添花"花墙

位于客房院正院夹牌楼门侧，高 2 米，宽 1.3 米。

主图案刻锦鸡、寿石、牡丹、祥云。锦鸡，又称金鸡，是美丽而珍贵的观赏鸟类；牡丹为百花之王，雍容华贵，寓意富贵。锦鸡、牡丹、寿石与祥云聚集一处，寓锦上添花、福寿双全之意。边框刻竹、蝙蝠、云松，下框刻"暗八仙"法器——铁拐李葫芦和韩湘子仙笛，真是好一派吉祥景象。

"富贵平安"花墙

位于广和堂正院夹牌楼门侧，高 2 米，宽 1.3 米。

主图案刻华丽的三足雕花花瓶，瓶中插盛开的牡丹；瓶体刻莲瓣、草龙纹装饰，背景有如意、卷云。民俗中，"瓶"谐"平"音，被视为平安祥和的象征，牡丹为富贵花，如意则寓意吉祥通顺。整体寓意富贵平安、万事如意。花墙外框刻鼎炉、琴、棋、葡萄、石榴图案，鼎炉寓意平安康泰、兴旺昌盛，琴、棋寓意书香门第，葡萄、石榴寓意多子多福、富贵平安。

"玉堂福寿"花墙

位于广和堂正院夹牌楼门侧,高 2 米,宽 1.3 米。

主图案刻三足盂形花瓶,瓶腹饰吉祥团云莲花,瓶中插盛开的玉兰,背景刻桃枝、茶壶。玉兰,又名木兰、白玉兰,花白色,有芳香,是名贵的观赏花,常用来比喻春天,又有"玉树临风、高洁不群"之意。花瓶,寓意平安。桃,多寓意长寿,盛开的桃枝可引申为"桃之夭夭",形容繁华兴盛、春意盎然的样子。壶,谐"福""富"音。外框刻鼎炉、琴、棋、葡萄、石榴。

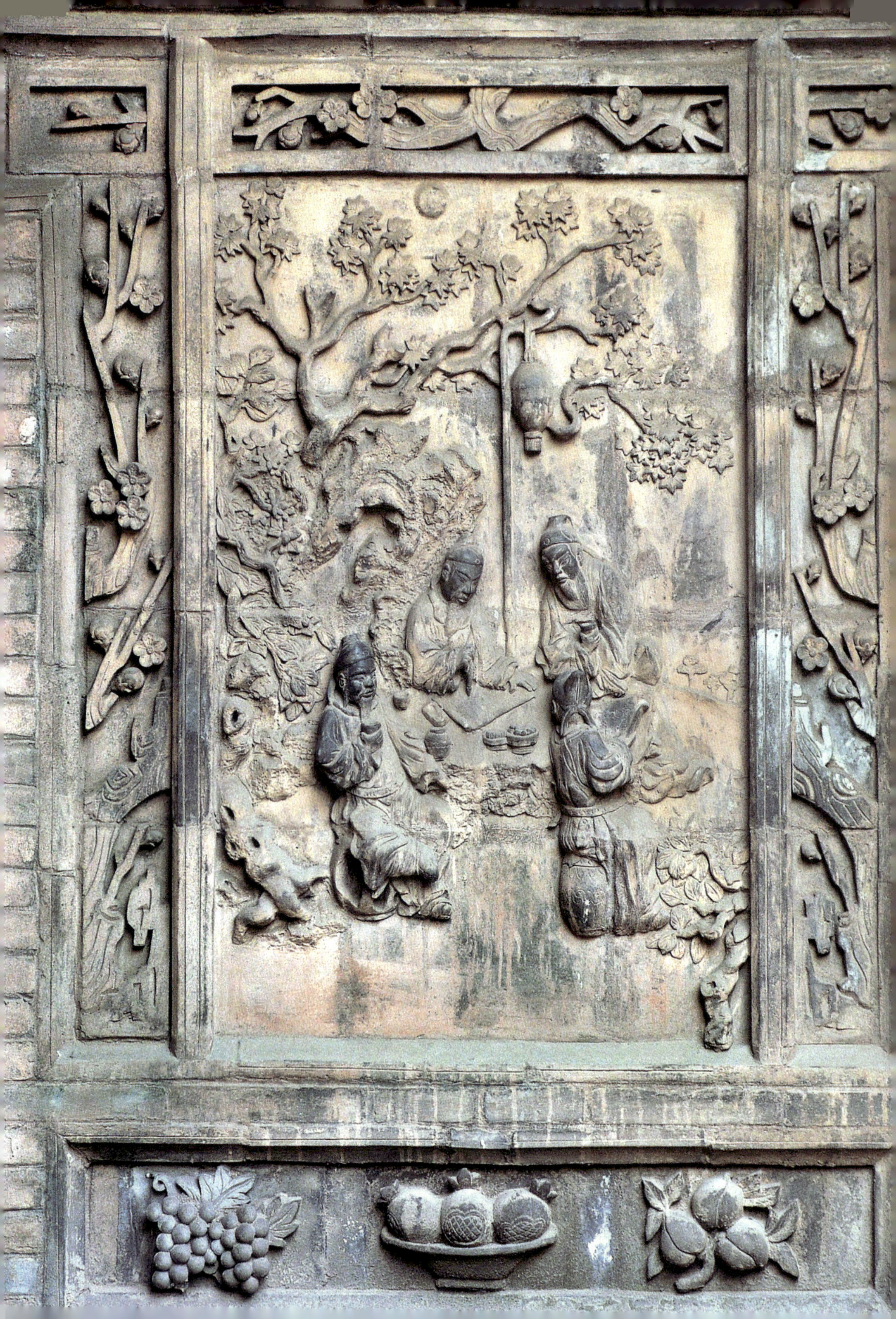

"商山四皓"花墙

位于贵和堂新院夹牌楼门侧，高 2 米，宽 1.3 米。

内容取材于秦末汉初隐居于商山的东园公唐秉、夏黄公崔广、绮里季吴实、甪（lù）里先生周术四位隐者的故事。秦一统后，推行残酷统治，四隐士不愿助秦为虐，隐居于商山，出山时皆 80 有余，眉皓发白，人称"商山四皓"。刘邦灭秦，建立汉朝，闻四皓大名请其出山，被拒绝。刘邦立刘盈为太子，后见刘盈平庸懦弱，有意废刘盈而立次子刘如意。刘盈之母吕后采纳大臣张良之计，请四皓出山辅佐太子。刘邦饮宴，见太子身后有四位白发老者，问后才知是"商山四皓"，遂打消了改立太子的念头。

主图案以梧桐、奇石为背景，梧桐是招凰引凤之树，奇石是我国四大名石中之太湖石。四位鹤发童颜的老者环石桌而坐，或把盏品茗，或擎卷吟读，或伏案挥毫。桌面置砚台、茶具、果蔬，四皓遗世独立、超然飘逸的不凡之气跃然画中。外框点缀"花中四君子"之首寒梅，下方有象征吉祥的葡萄、石榴及寿桃等，寓意四皓精神长存、高雅隽永。

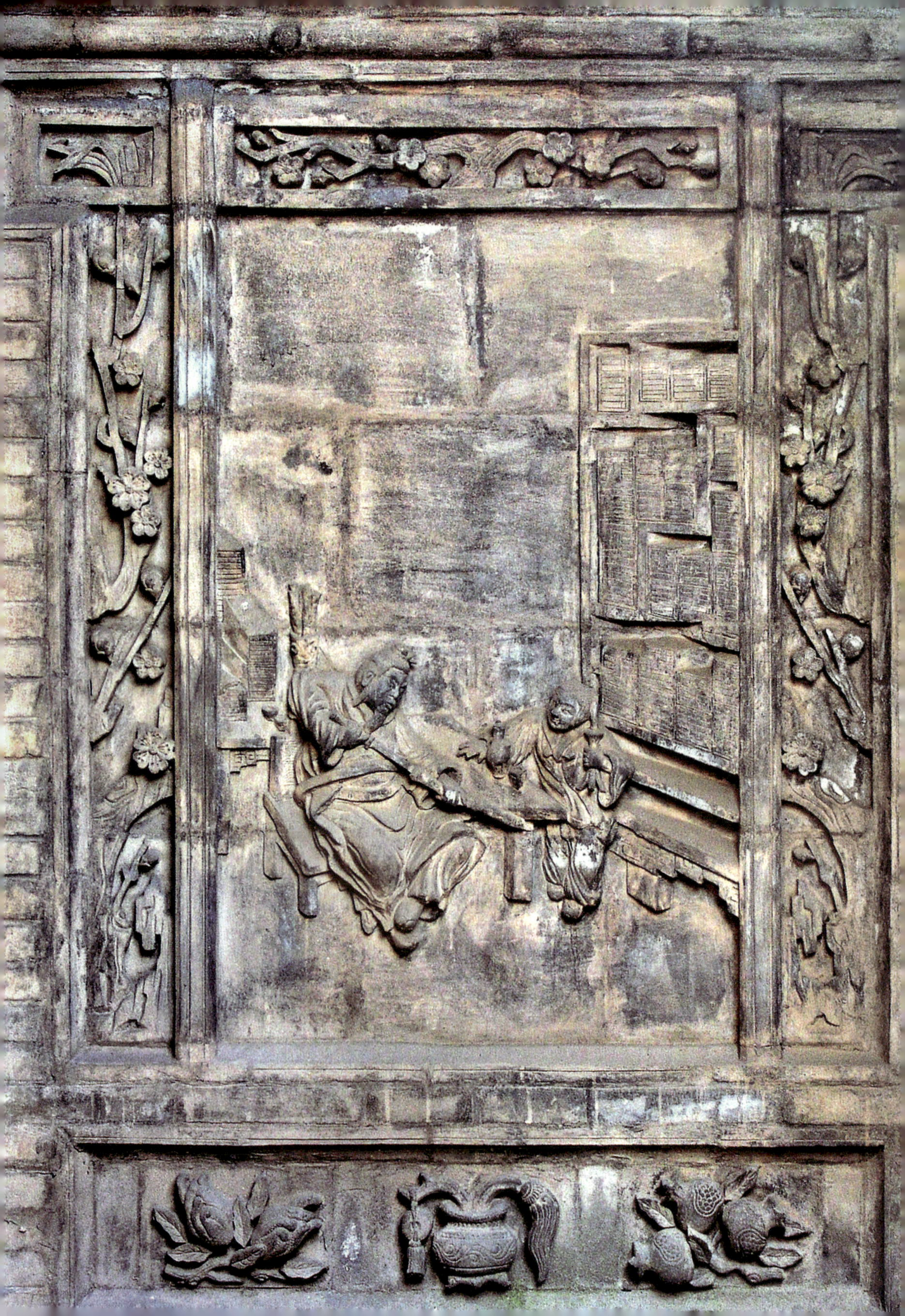

"挑灯看剑"花墙

位于贵和堂新院夹牌楼门侧，高 2 米，宽 1.3 米。

辛弃疾（1140—1207），字幼安，号稼轩，别号稼轩居士，历城（今山东济南）人，与苏轼齐名，并称"苏辛"。辛弃疾出生时，山东已为金兵所占。绍兴三十一年（1161），辛弃疾率两千民众参加北方抗金义军，次年奉表归南宋，历任湖北、江西、湖南、福建、浙东安抚使等职。辛弃疾一生坚决主张抗击金兵，收复失地，曾进奏《美芹十论》，分析敌我形势，提出强兵复国的具体规划，又向宰相上《九议》，进一步阐发《美芹十论》的思想，但都未得到采纳和施行。因光复故国的雄才大志得不到施展，遂发而为词，造就了南宋词坛一代大家。

花墙内容取材于辛弃疾所作《破阵子》词："醉里挑灯看剑，梦回吹角连营。八百里分麾下炙，五十弦翻塞外声，沙场秋点兵。马作的卢飞快，弓如霹雳弦惊。了却君王天下事，赢得生前身后名。可怜白发生。"

主画面以书橱、书案为背景，左侧一老翁手持宝剑欲拔出，身旁有书童秉烛侍立，身后书案置酒壶杯盏。外框以"花中四君子"之首寒梅点缀，左、右上角刻兰草，映衬出辛弃疾不畏逆境、凌霜傲雪、忠贞报国的正气和情操。下方饰吉祥佛手、石榴、如意、拂尘等，历史典故与民俗文化浑然天成、融为一体。

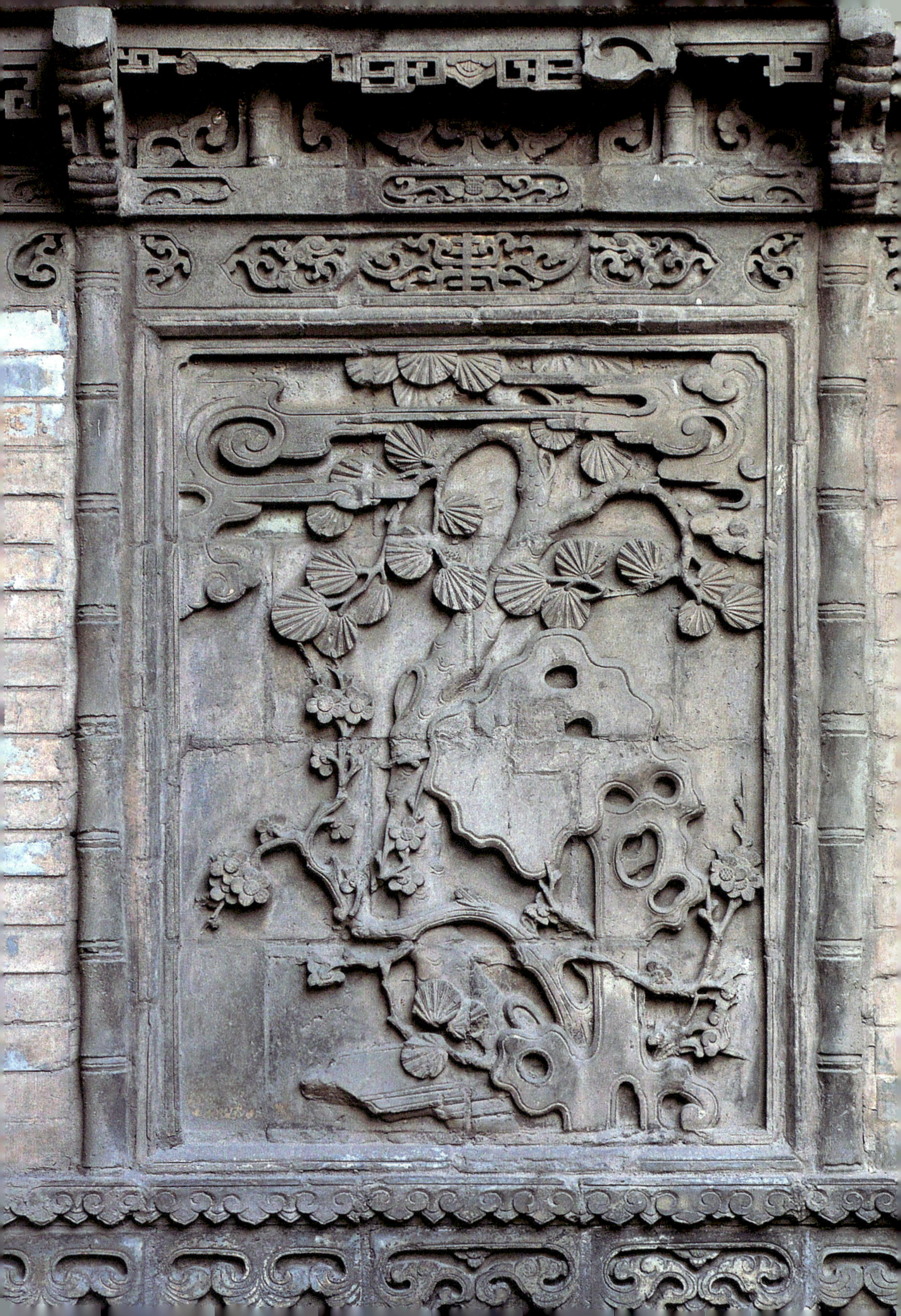

"松梅图"花墙

位于贵和堂新院夹牌楼门侧，高 2 米，宽 1.3 米。

这是一幅造型华美，体现宅院主人闲情雅趣的园囿小品。主图案宛如一帧格调闲适的工笔写意，以云松、瘦梅、太湖石、祥云等入画，盘旋缭绕、交叉错落、优雅静谧、意态天成，给人以飘然世外、洒脱散淡之感。上方饰夔纹垂花镂空护栏（惜已有损坏），额枋刻如意祥云，两侧置象鼻昂，枋下博风板刻草龙纹"双龙捧寿"图样，下方饰双层如意垂莲须弥纹围栏，使整面花墙平淡而不乏高贵、瑰丽而益显安详。

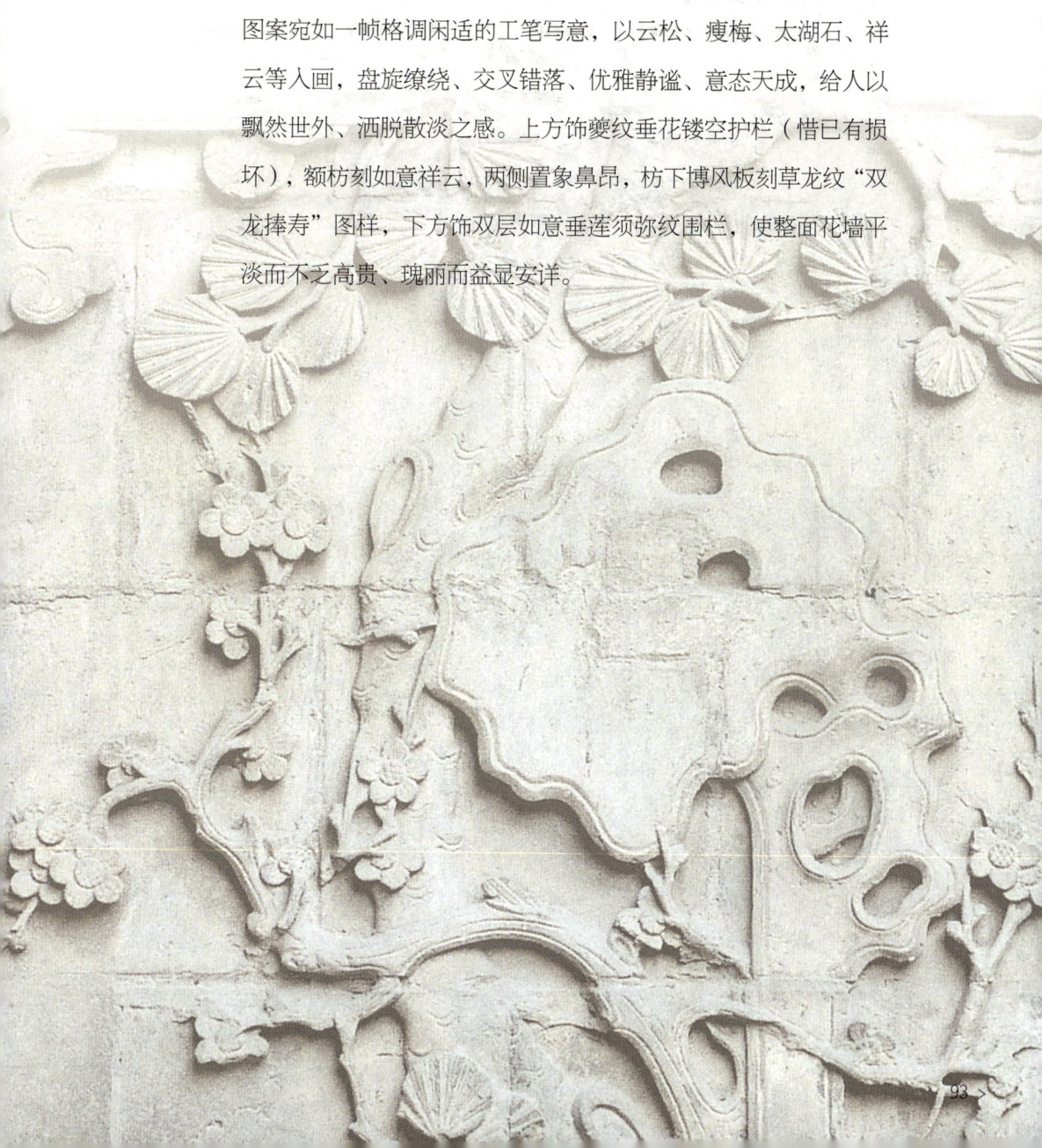

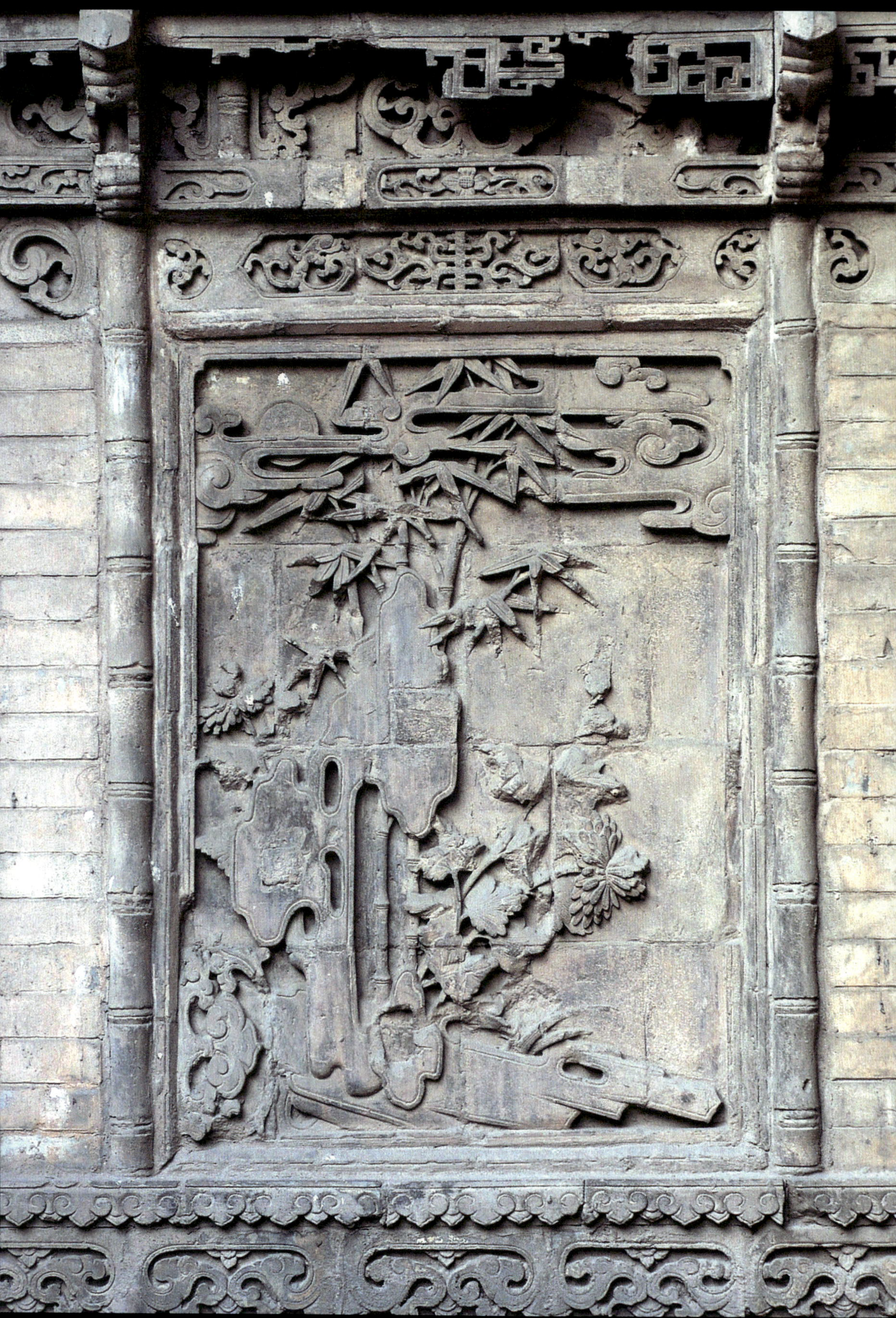

"竹菊图"花墙

位于贵和堂新院夹牌楼门侧,高 2 米,宽 1.3 米。

花墙"竹菊图"与"松梅图"坐落在同院,隔门相邻,造型和装饰风格与前者相仿,此处不再赘述。竹,枝干挺拔、亭亭玉立、四时青翠,被誉为"花中四君子"和"岁寒三友"之一。菊,独立寒秋、不惧严寒、种类繁多,开放于百花凋谢的秋季,盛开时繁花似锦、争奇斗艳,名列"花中四君子"。由于竹、菊被赋予如此众多的拟人化品格,受到我国历代文人的偏爱和吟诵,留下了大量优美而感人的诗篇。常氏是儒商世家,素来尊孔习儒、诗礼传家。在庭院中设置这样的花墙,恰如其分地体现出其独有的审美情趣。

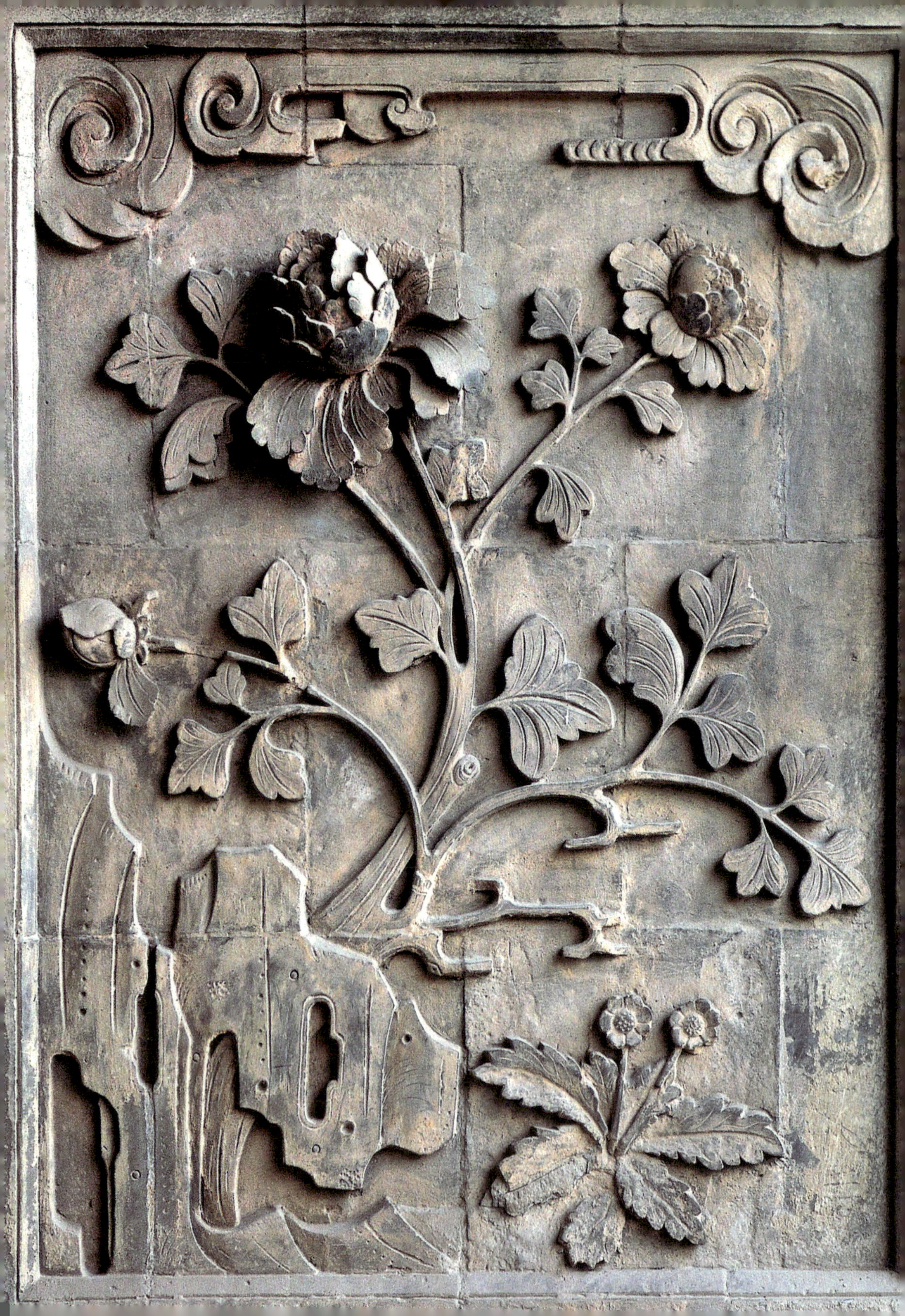

"春牡丹"砖雕壁挂

位于杏园大门厅廊侧墙面,高 1.7 米,宽 1 米。

杏园是常氏族人休闲养性的场所,除了已立有形式多样的"八卦"和"四季花墙"系列影壁,还随处点缀有尺幅适中、构图简洁、立意淡雅的砖雕小品壁挂。镶嵌于杏园大门厅廊内的"春牡丹、夏荷花、秋菊花、冬梅花"壁挂就属于这一类型。这些默默伫立于青砖灰瓦中的内涵丰富、意韵深邃的装饰小品,向人们展现着常家庄园不同凡响的儒家文化底蕴。

"庭前芍药妖无格,池上芙蕖净少情。唯有牡丹真国色,花开时节动京城。"中唐诗人刘禹锡一首七绝《赏牡丹》诗,立意深刻,语句优美,传颂至今,形象地描绘出牡丹作为"百花之王",具有的天生丽质和雍容华贵。于是,牡丹在民间被视为富贵的象征。壁挂上方刻简洁飘逸的吉祥云气纹卷云,下方刻"漏、瘦、皱、透"等特征明显的太湖石,中央刻枝繁叶茂盛开的牡丹,右下方点缀矢车菊,使画面简洁而不单调、饱满而不壅塞。春意盎然、生机勃勃的升平景象呈现壁间。

"夏荷图"砖雕壁挂

位于杏园大门厅廊侧墙面，高 1.7 米，宽 1 米。

"毕竟西湖六月中，风光不与四时同。接天莲叶无穷碧，映日荷花别样红。"这是宋代著名诗人杨万里在炎夏六月里歌咏荷花的著名诗篇，用它来描述这幅砖雕壁挂似乎并不为过。壁挂上方的云气纹装饰与"春牡丹"砖雕相仿，中央刻一丛茂盛的荷花，花蕊盛开，荷叶葱茏，莲蓬翘立，枝干轻盈。下方刻流水涓涓、清波荡漾，刻画出荷花"中通外直，不蔓不枝，香远益清，亭亭净植，可远观而不可亵玩焉"以及"出淤泥而不染，濯清涟而不妖"的花之隐者的高雅节操。

"秋菊图"砖雕壁挂

位于杏园大门厅廊侧墙面，高 1.7 米，宽 1 米。

"秋丛绕舍似陶家，遍绕篱边日渐斜。不是花中偏爱菊，此花开尽更无花。"这首《菊花》诗是唐代著名诗人元稹所作，也是壁挂"秋菊图"的形象写照。菊花，又称秋菊、九华、帝女花，因能忍耐寒冷于深秋开放，民间认为它具有坚韧不拔的独特品格，被誉为传统文化中"花中四君子"之一。画面以阳刻高浮雕手法生动地描绘出数株迎霜盛开的菊花，并以吉祥卷云、兰草、寿石等点缀，凝练地表达了对人间秋色深沉的热爱。

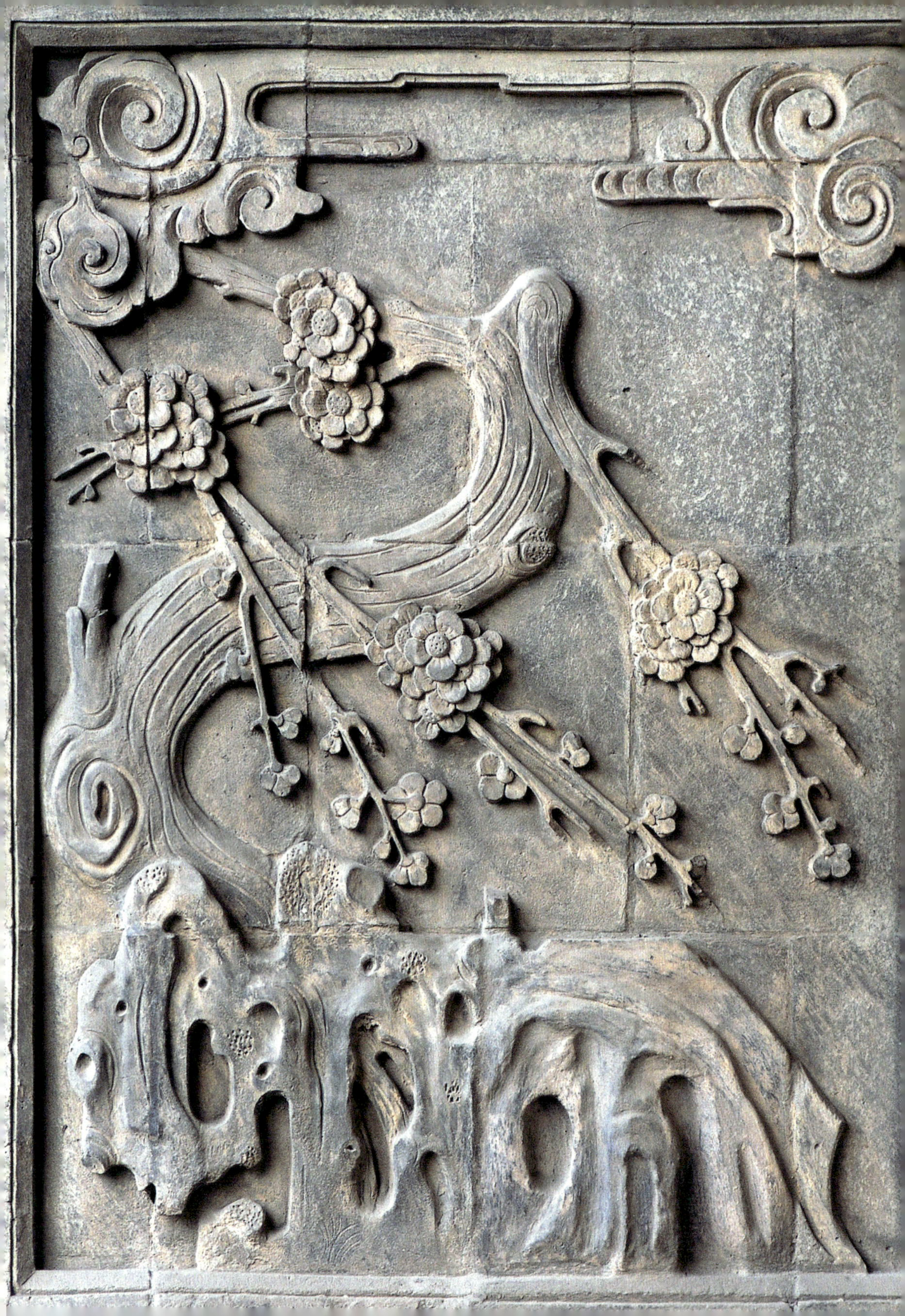

"冬梅图"砖雕壁挂

位于杏园大门厅廊侧墙面,高1.7米,宽1米。

"风雨送春归,飞雪迎春到。已是悬崖百丈冰,犹有花枝俏。俏也不争春,只把春来报。待到山花烂漫时,她在丛中笑。"这是一代伟人毛泽东歌颂和赞美梅花的《卜算子·咏梅》词。梅花历来被视为中华民族的精神象征,它坚韧不拔、迎雪吐艳、凌寒飘香、铁骨冰心,被人们赋予崇高的品格和坚贞的气节。几千年来,人们对梅花深爱有加,不仅是欣赏花的外表,更欣赏其中所蕴含的人格魅力和精神力量。故其一向被列为"花中四君子"之首。壁挂中,寒梅枝干挺拔、嶙峋遒劲、凌寒傲雪、团团簇簇,恰如其分地体现了梅花特有的品格和外在美。

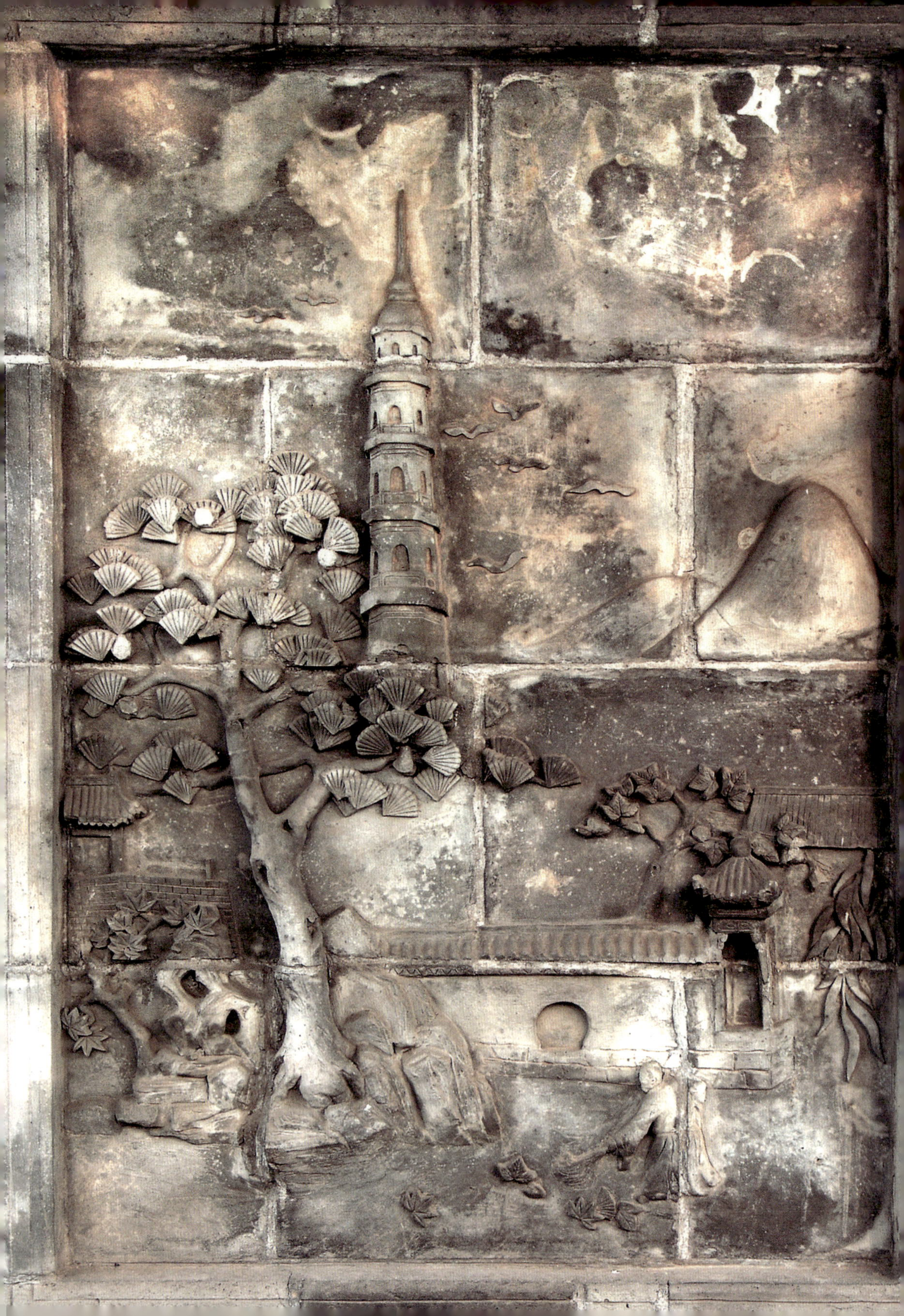

"山寺图"壁挂小品

位于杏园东北望亭"披风"墙面，高 1.6 米，宽 1.1 米。

常氏杏园东西侧辟有游廊，廊壁间镶嵌有清代名人书法石刻联帖 52 方。在游廊两端，分别筑有"景星""庆云""披风""枕霞"四个望亭，壁挂小品"山寺图"就镶嵌在"披风"亭后墙上。

画面构图简洁，格调清新，有奇石古树、山墙亭舍、宝塔山峦、雁阵成行，一派悠闲静谧的出世景致。唯有右下方山门外一个年轻的小沙弥正在执帚洒扫，才让人联想起唐五代诗人常建《题破山寺后禅院》诗："清晨入古寺，初日照高林。曲径通幽处，禅房花木深。山光悦鸟性，潭影空人心。万籁此俱寂，惟闻钟磬音。"常氏数百年儒商风范与历经商场艰险后转而追求"出世"之人生理想跃然壁间。

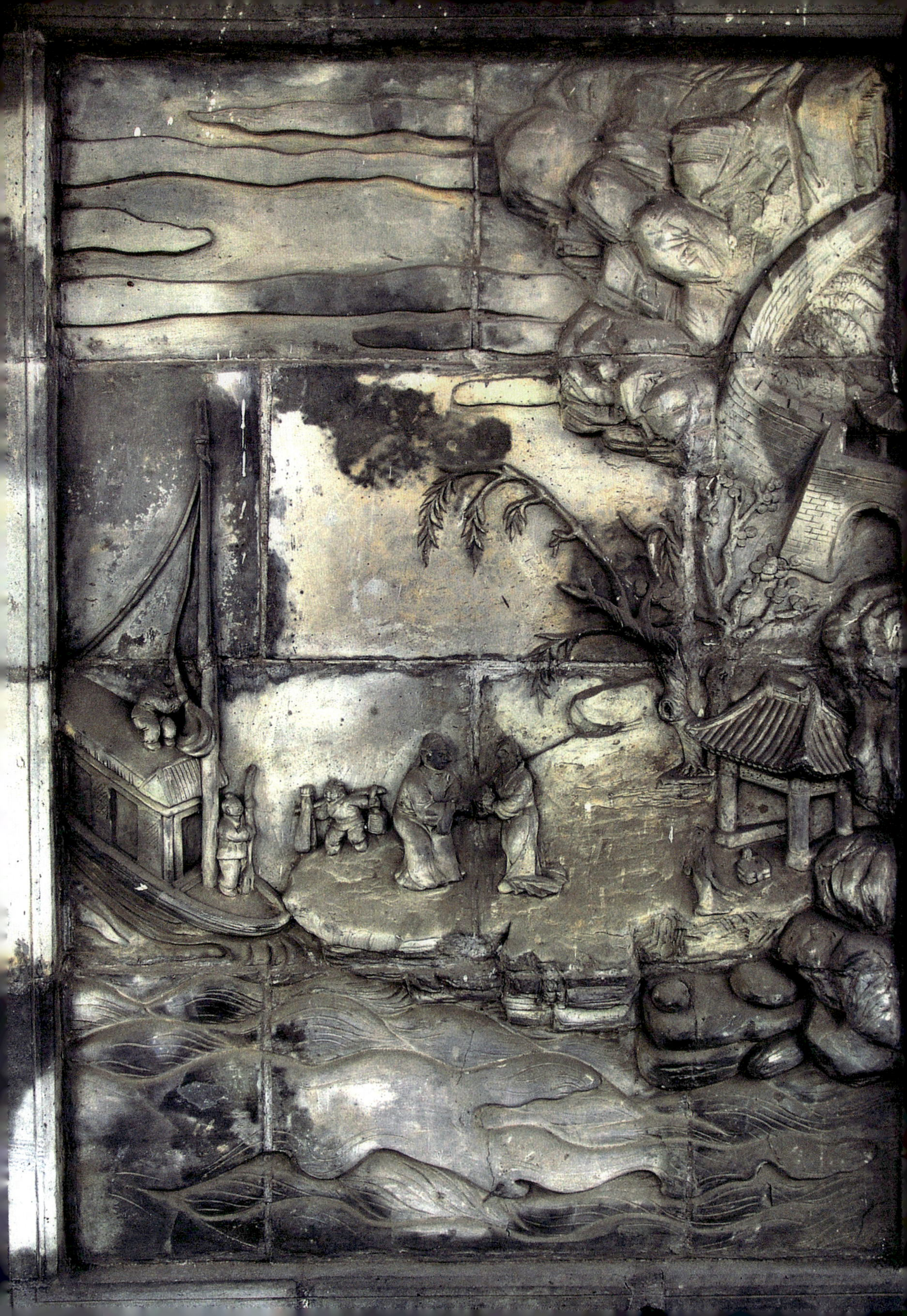

"送别图"壁挂小品

位于杏园西望亭"枕霞"墙壁，高 1.6 米，宽 1.1 米。

与"山寺图"壁挂相对应，镶嵌于"枕霞"亭墙壁的这幅壁挂"送别图"，恰好形象地表达了历经沧桑的常氏子弟，在追求"出世"理想的同时，对"入世"人生境界的眷念与期盼。

画面不惜笔墨，浓墨重彩地刻画出一幅可歌可泣的送别图景。流水、层云、行舟、长亭、书童、关隘、杨柳、杯盏……教人不能不联想起柳三变催人泪下却脍炙人口的《雨霖铃》："寒蝉凄切，对长亭晚，骤雨初歇。都门帐饮无绪，留恋处，兰舟催发。执手相看泪眼，竟无语凝噎。念去去，千里烟波，暮霭沉沉楚天阔。多情自古伤离别，更那堪，冷落清秋节！今宵酒醒何处？杨柳岸，晓风残月。此去经年，应是良辰好景虚设。便纵有千种风情，更与何人说？"

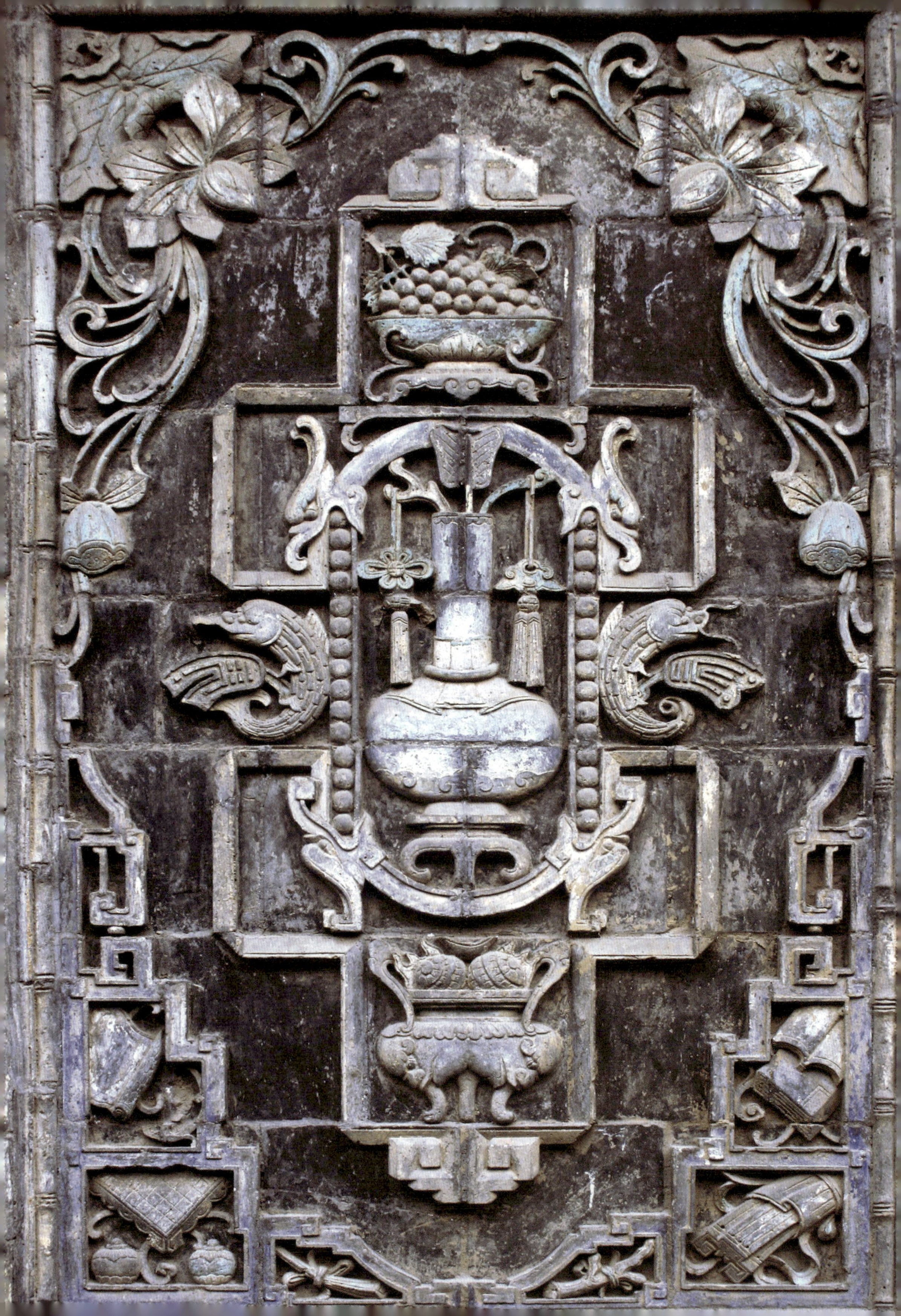

"双鱼图"砖雕壁挂

位于贵和堂正院厢房墙面，为贵和堂着色砖雕壁挂系列之一种，高2米，宽1.2米。

贵和堂约建于乾隆四十三年（1778），距今已有240余年历史，是常家庄园建造最早、装饰最精美、古建保存也最为完整的院落之一。在贵和堂正院东西厢房墙面，镶嵌有四组八幅雕刻精美的砖雕壁挂。这些壁挂不仅制作精美、构思独特、纹样丰富，而且采用了砖雕装饰中颇为少见的着色工艺，使其装饰效果更加完美。恰如点缀在院落中璀璨的明珠，向后人闪烁着耀眼的光芒，堪称常家庄园乃至晋商民居砖雕壁挂中的珍品。下面依序作简要介绍。

"双鱼图"画面以沉稳庄重的钴蓝基调着色，构图呈工整对称排列。上方刻佛教吉祥卷草莲花图，荷叶、花蕊、莲蓬均雕工细腻、栩栩如生。莲蓬用变形卷草蔓串联牵引，不但富于变化，而且显示优雅神秘之美。中央设工字博古框，上端置葡萄贡奉果盘，果盘有莲叶衬托，底座点缀缠枝纹。下端为双耳三足鼎炉，炉腿刻饕餮纹。中央两对草龙作"双龙吐珠"状，形成串珠纹隔框，框内置吉祥缠枝纹盘绕的三足祥云纹花瓶。瓶内插宝扇及一对拂尘，拂尘顶端为珊瑚、如意，分别挂盘长、如意，其下饰坠穗。博古框两侧刻龙首鱼身双鱼，寓意太平盛世、吉祥如意、家族兴旺、年年有余。下方刻夔纹博古框，框内刻吉祥缠枝纹呵护的琴、棋、书、画。外围以竹节框收拢。面积不大的壁挂，融儒、释、道、民俗文化于一体，集中展现了古人高超的艺术想象力和精湛的雕工技法。

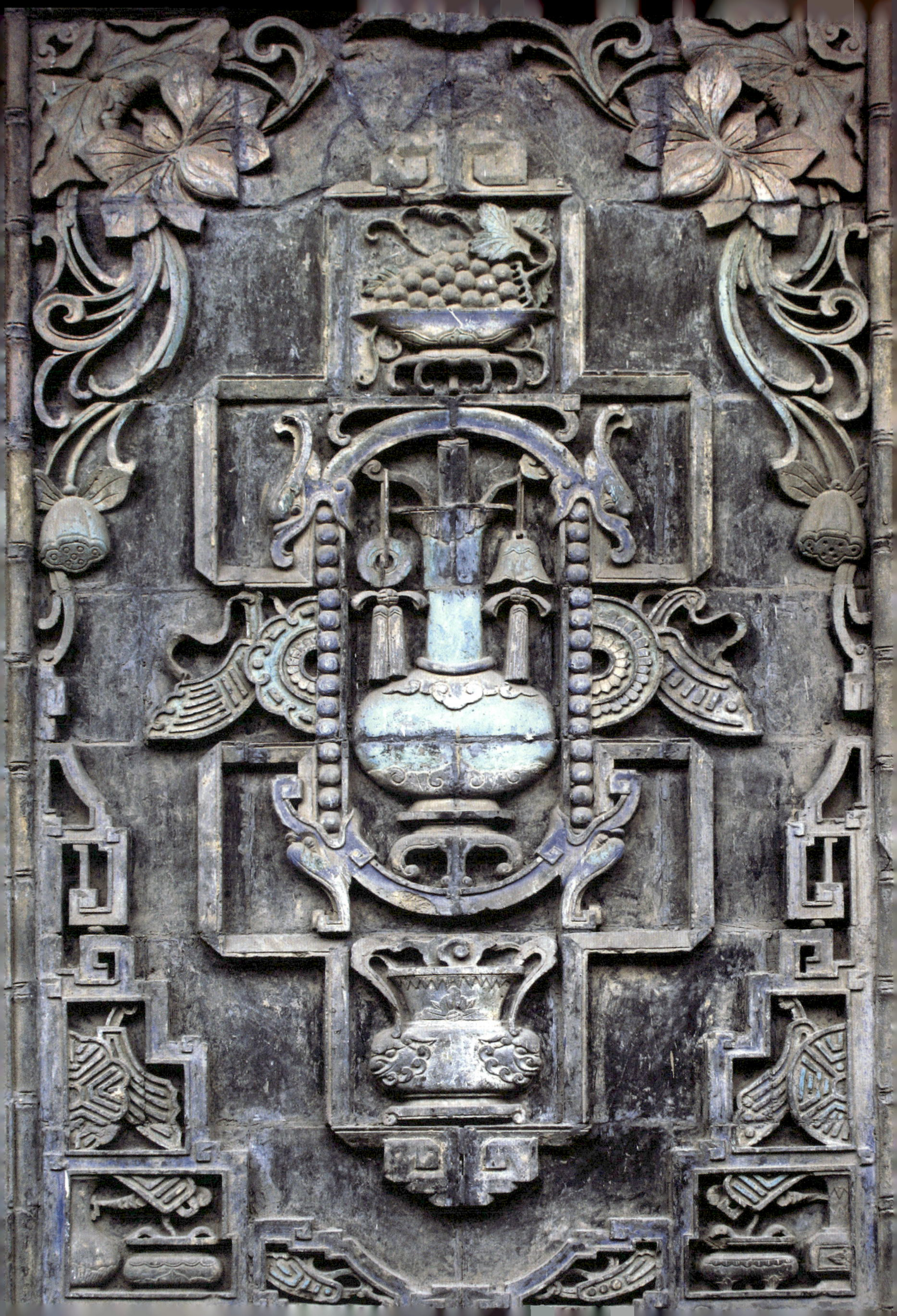

"双钱图"砖雕壁挂

位于贵和堂正院厢房墙壁，为贵和堂着色砖雕壁挂系列之一种，高 2 米，宽 1.2 米。

构图、色调和框架与"双鱼图"壁挂相似，不同的是中心博古框两侧双鱼改为饕餮纹圆币及刀币，下方夔纹博古框内的琴、棋、书、画也换成古钱、花瓶、笔洗等。另外，中心花瓶内插的宝扇换为画轴，拂尘顶端原悬挂盘长和如意，此图改换为玉璧和铜铃，供奉果盘、祭祀炉鼎的纹样也修饰得愈加华丽。可见此壁挂风格与前者略有不同，应当有祈愿家族商业兴旺、财源广进、平安祥瑞、通达顺畅之意。

"双福图"砖雕壁挂

位于贵和堂正院厢房墙壁,为贵和堂着色砖雕壁挂系列之一种,高 2 米,宽 1.2 米。

画面以钴蓝和翠绿着色,构图亦工整对称排列。上方刻吉祥卷草纹装饰,角部挂两对福瓜。福瓜又名香炉瓜,一年生葫芦科草本植物。葫芦,谐音"福禄",民间认为它能给人们带来福祉。画面中,福瓜被卷曲优雅的爬蔓簇拥,寓意福祉相生、绵延不绝。中央刻工字博古框,上端置双耳六足方鼎,下端刻一串葡萄。博古框中央刻缠枝草龙纹盘旋缠绕的祥云花瓶,瓶内插珊瑚、如意、画轴等吉祥物。博古框两侧刻须弥纹果盘,盘中置吉祥瓜果佛手。下方刻夔纹饰框,两侧与上方缠枝纹融合衔接,外围以乳钉纹收边。壁挂构图端庄、造型典雅,寓意平安鼎盛、福祉绵延、子嗣兴旺、吉祥如意。

"双寿图"砖雕壁挂

位于贵和堂正院厢房墙壁，为贵和堂着色砖雕壁挂系列之一种，高 2 米，宽 1.2 米。

构图、色调、框架装饰与"双福图"壁挂相似，不同之处是中心博古框两侧"双福"果盘改为寿桃，中心花瓶内深蓝色画轴改为翠绿色莲瓣枝叶，卷云纹如意改为夔纹，从细微的变化中体现与"双福图"的区别。该壁挂寓意家族事业兴隆、人丁兴旺、瑞气盈门、安康长寿。

"喜鹊登梅"砖雕壁挂

位于贵和堂正院厢房墙壁，为贵和堂着色砖雕壁挂系列之一种，高 2 米，宽 1.2 米。

在古代传统文化中，喜鹊是报喜的吉祥鸟，梅花被誉为"报春花"及"花中四君子"之一，"喜鹊登梅"在民间早已成为广泛采用的吉祥纹饰。不同的是，在贵和堂镶嵌的这幅壁挂，装饰和制作更加精致，寓意也更加丰富。画心主图案刻梅花、叠石和一对喜鹊，画心用夔纹围绕，其间刻鼎炉，外圈刻缠枝纹、夔纹盘绕的饰框。梅花报春，叠石多寿，两只喜鹊寓意"双喜临门"，夔纹寓意神灵护佑，鼎炉寓意鼎盛太平，缠枝纹寓意吉利祥瑞。底框以云雷纹围边，画心刻夔纹博古，内置莲花、钱币和两盘供奉寿桃，寓喜上眉梢、多福长寿之意。

"多子多福"砖雕壁挂

位于贵和堂正院厢房墙壁,为贵和堂着色砖雕壁挂系列之一种,高2米,宽1.2米。

装帧图案和形式与相邻的"喜鹊登梅"壁挂相仿,不同之处是主图案改为缠枝纹藤蔓与硕果累累的葡萄,下框博古供奉果盘中也换为一对系有如意彩练的葫芦。葡萄在民间寓意多子多孙,藤蔓有永不断绝之意。葫芦,方言谐音为"福禄"。将葡萄、藤蔓和葫芦同图,寓意家族福禄双至、多子多孙、绵延不绝。

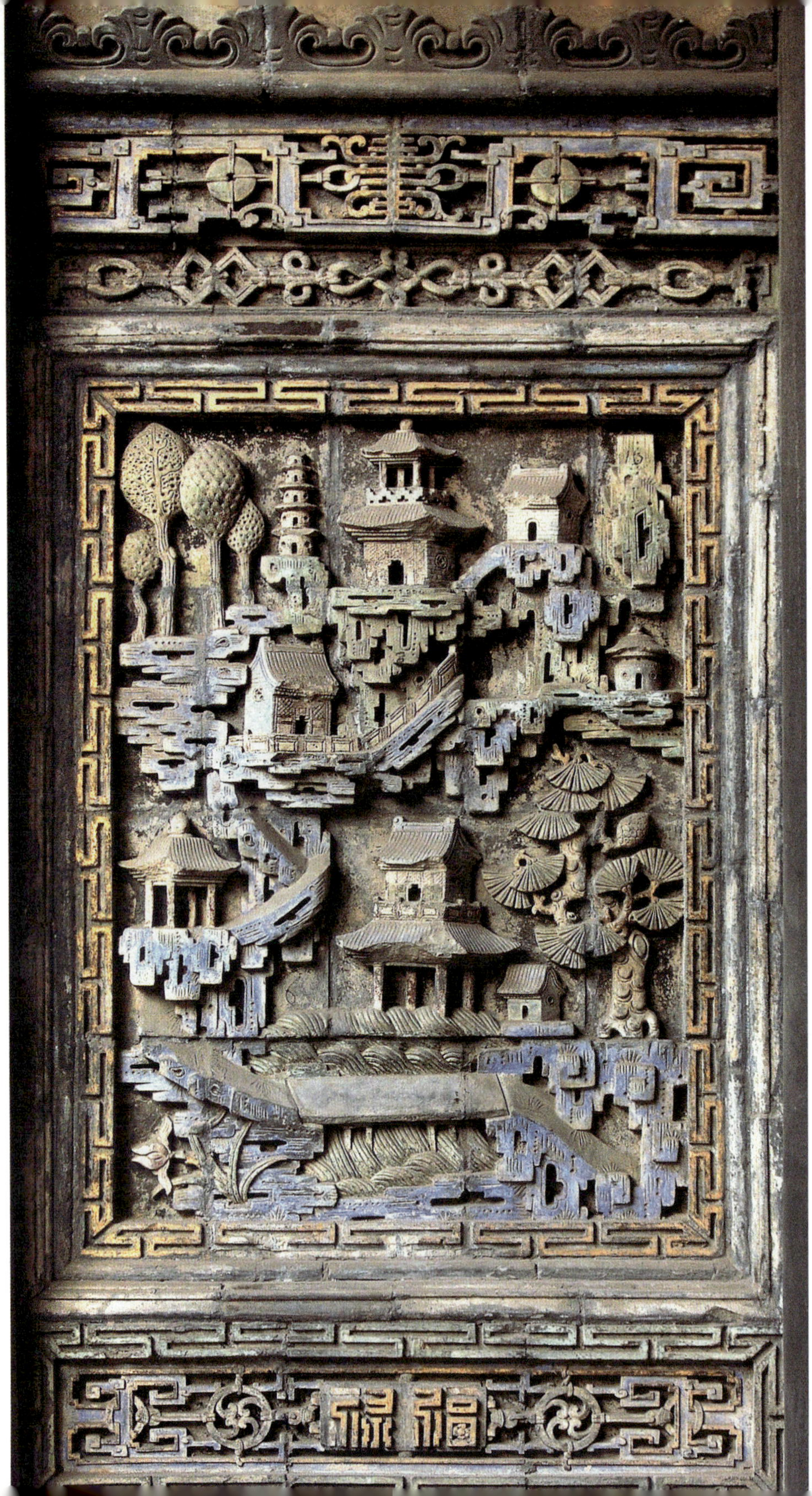
禄福

"福禄图"砖雕壁挂

位于贵和堂正厅前檐廊侧墙，为贵和堂着色砖雕壁挂系列之一种，高2米，宽1米。

壁挂为多层彩绘浮雕，虽经历岁月洗礼，仍色泽艳丽、高雅华美。其镶嵌于贵和堂正厅前廊檐侧面，以独特的造型和高雅的品味，对整幢建筑起着锦上添花的装饰作用。

上端取卷草仰覆莲花纹盝顶镶边，其下为镏金钴蓝色夔纹，中央刻草龙纹篆体"寿"字。再下有绚索纹饰框，中央饰吉祥盘长。下框以淡青色云雷纹镶边，内刻钴蓝色夔纹，中央刻镏金篆书"福禄"，"福"字右下方笔画用宝相花代替。壁中央主图案以云雷纹镶边，画面绘松柏梧桐、宝塔亭台、寺庙道观、小桥流水。底部寿石穿插有兰草和莲花。画面以写意法把众多吉祥题材凝聚成一体，并以层叠盘绕的祥云状寿石连接，宛如理想中的人间仙境，展示了对美好生活的憧憬和向往。

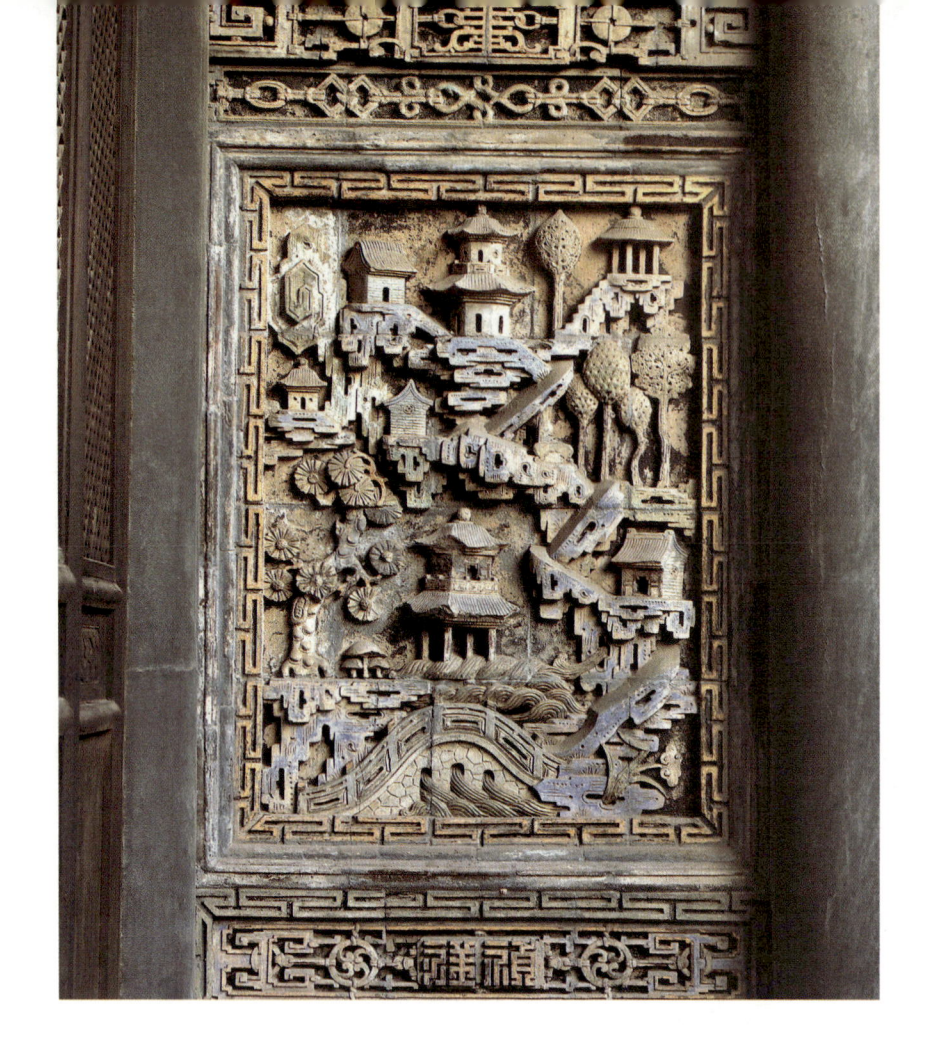

"祯祥图"砖雕壁挂

位于贵和堂正厅前廊侧墙壁，为贵和堂着色砖雕壁挂系列之一种，高2米，宽1米。

造型、色彩和装饰风格与"福禄图"壁挂相仿，故不再赘述。不同之处是主画面下方石板桥改为雕花拱桥，盛开的莲花由灵芝代替，灵芝在传统文化中被誉为仙草，寓意人们对理想生活的憧憬又上升至一个更新的境界。下方夔纹饰框中的"福禄"字样，换为"祯祥"。祯，既指吉祥，又指吉祥征兆。把"福禄祯祥"的境界描绘刻画于庭前，表达了古人对完美人生的美好祈愿。

文字花墙

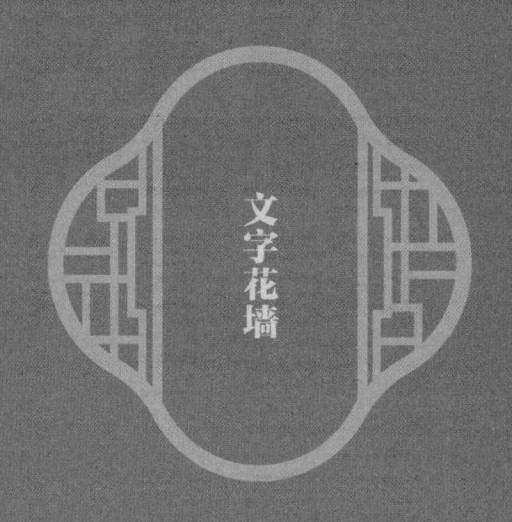

"芝兰生于深林"文字花墙

位于慎和堂正院夹牌楼门侧,宽1.3米,高2米。

主图案为篆书阳刻格言:芝兰生于深林,不以无人而不芳;君子修其明德,不为有欲而改节。大意:作为传统"五瑞"(指椿树、萱草、芝兰、磐石、竹)之一的芝兰,即使生长在人迹罕至的丛林深处,依然会芬芳飘逸;仁人君子由于具备了高尚的德行和涵养,不会因为有正常的欲念而改变其节操。

上方饰框中央刻系有飘带的古钱如意,两侧是夔纹接福瓜框架,外侧以如意兰草收边。下框刻勾连夔纹,两侧饰佛手。在古代,福瓜多取南瓜造型,谐音"男",佛手取"福"字谐音,寓意多子多福、家业兴旺。

"律己以温公家训"文字花墙

位于慎和堂正院夹牌楼门侧,宽1.3米,高2米。

主图案为篆书阳刻格言:律己以温公家训,只在忠恕二字;持家以朱子格言,总是孝悌之端。温公,指北宋名臣司马光,陕州夏县(今山西夏县)人,卒后谥太师、温国公,著有《资治通鉴》《温公家范》等。朱子,指朱伯庐,江苏昆山人,明代生员,治学提倡知行并进;康熙时坚辞不仕,著有《治家格言》等。大意:用司马光等先贤教诲来规范自身的行为,用忠恕孝悌等儒家理念持家和教育后代,才是做人的根本。

上框装饰与"芝兰生于深林"花墙同,下框为勾连夔纹,两侧刻莲花。莲为我国传统吉祥花卉,佛教传入后逐渐演化为宗教吉祥花卉。这里取"连"字谐音,福瓜与莲花同图,寓意连生贵子、家族昌盛。

"甘棠枯于丰草"文字花墙

位于广和堂正院夹牌楼门侧,宽 1.3 米,高 2 米。

主图案为篆书阳刻格言:甘棠枯于丰草,济济俊秀如长河;紫荆树于中庭,莘莘学子似繁星。甘棠,指海棠,木属蔷薇科,花开似锦、端庄婀娜,有"花妃"美称,也是美好和理想的象征。紫荆,这里指荆棘,花碎叶细,枝多棘刺,此处寓意波折与坎坷。大意:当甘棠般绚丽的花卉枯没于荒草萋萋的季节,正是青年才俊们苦学求进的时刻;把如荆棘般其貌不扬、象征艰难坎坷的植物种在庭院中,方能激励学子奋发向上的意志,才会学有所成,如满天繁星般熠熠闪烁。

格言两侧刻寒梅饰框,下方刻莲花、如意等吉祥图案。

"汉有赋"文字花墙

位于广和堂正院夹牌楼门侧，宽 1.3 米，高 2 米。

主图案为篆书阳刻格言：汉有赋，唐有诗，宋词元曲皆学问；善为田，德为粮，淳播厚获乃家传。大意：出现于汉代的赋与盛行于唐代的诗歌，及优雅独特的宋词、元曲，其中都蕴含了高深的学问；做人犹如种田，只有把善良当作田地，用淳朴与宽容辛勤耕耘，才可以收获到优良的道德与高尚的品质，这是世代都应该遵循的家族传统。

主图案装饰与相邻的"甘棠枯于丰草"花墙对称。

"择师为难"文字花墙

位于客房院正院夹牌楼门侧，宽1.3米，高2米。

主图案呈方形，阳刻篆书格言：择师为难，敬师为先，自古无师不通圣。"择师为难"，语出清初"扬州八怪"之一郑燮（郑板桥）的《潍县署中寄舍弟墨第一书》："夫择师为难，敬师为要。择师不得不审，既择定矣，便当尊之敬之。"郑燮，字克柔，号板桥，江苏兴化人，乾隆进士，曾任潍县知县，晚年客居扬州以卖画为生。《潍县署中寄舍弟墨第一书》是他就任潍县时，写给其弟郑墨的信。

画面构图简洁，文字雕刻工整圆润，四角用吉祥花架修饰，突出了观赏效果。下方饰框刻桃形如意，中有阳刻"鬲"字。鬲，意"鼎"，古代象形文字，《梦溪笔谈》中说"古鼎中有三足皆空，中可容物者，所谓鬲也"。"鼎"寓意太平盛世、兴旺发达，"如意"寓意路途顺利通畅。

"读书最苦"文字花墙

位于客房院正院夹牌楼门侧，宽1.3米，高2米。

主图案呈方形，阳刻篆书格言：读书最苦，知书最要，从来有书才成人。大意：读书学习是非常辛苦的事，通过长期坚持不懈地刻苦读书，领悟其中深奥的道理，才是最重要的。从古到今，唯有通过读书接受到良好的教育，才可能成为有用的人才。

主图案画面与相邻花墙"择师为难"近似，不同的是下方装饰框雕刻了双象，中央为阳刻"肃"字。象，瑞兽，据传是佛教中普贤菩萨的坐骑，我国古代有"太平有象"的吉祥说法。这里寓太平盛世、国泰民安之意。肃，会意字，本义为恭敬，表示人说话做事战战兢兢，非常谨慎小心。这里指读书须认真恭敬、慎重虔诚。

"人而无恒"文字花墙

位于人和堂正院夹牌楼门侧,宽 1.3 米,高 2 米。

主图案为隶书阳刻格言:人而无恒,兼管并骛,终身定无所成;首尾不懈,精专神注,尽世必有其获。大意:人做事情不能持之以恒,而是朝三暮四,对什么事情都产生兴趣,不进行深入的探讨,这样的人一生都不会有什么成就;凡是做事能有始有终、全神贯注,并且能坚持不懈的人,最后必然会有所收获。

人和堂文字墙无砖雕装饰。

"慎独其严"文字花墙

位于人和堂正院夹牌楼门侧,宽1.3米,高2米。

主图案为隶书阳刻格言:慎独其严是不欺,诚意为力行之源;穷究其理以存心,格物乃知至之本。慎独,语出《礼记·大学》:"此谓诚于中,形于外,故君子必慎其独也。"据传,康熙将"慎独"概括为"暗室不欺",晚清名臣曾国藩在遗嘱中第一条说的就是"慎独"。格物,语出《礼记·大学》:"致知在格物,物格而后知至。"大意:君子说话或做事,应该谨慎认真、兼听则明,切忌独断专行,既不欺别人也不骗自己;研究学问,应该把"格物"的精神作为根本,穷究其理、获得真知,并把它铭记于心,这才符合君子所为。

"居则致其敬"文字花墙

位于养和堂正院夹牌楼门南侧,宽1.3米,高2米。

上端为行书阳刻格言:居则致其敬。语出曾参《孝经·纪孝行章》:"子曰:'孝子之事亲也,居则致其敬,养则致其乐,病则致其忧,丧则致其哀,祭则致其严。五者备矣,然后能事亲。'"

主图案由三幅狭长砖雕画屏组成,两侧分别刻牡丹、莲花、鸳鸯、仙鹤及卷草纹饰,寓意吉祥富贵、家庭和睦。中幅为写意山水,画面上有仙山琼阁、小桥流水、祥云缭绕、小舟荡漾,二仙人衣冠襟带,其中一人手捧拂尘,另一人身边有青牛相随。下端刻卷云如意、蝙蝠拱钱,寓意万事如意、福在眼前。据传,青牛为传统瑞兽之一。

"养则致其乐"文字花墙

位于养和堂正院夹牌楼门南侧,宽1.3米,高2米。

上端为行书阳刻格言:养则致其乐。亦语出曾参《孝经·纪孝行章》。

主图案由三幅狭长砖雕画屏组成,两侧分别刻莲花、鸳鸯、牡丹及卷草纹饰,寓意吉祥富贵、家庭和睦、夫妇恩爱。中间为写意山水,画面上仙山琼阁、小桥流水、祥云缭绕,二仙人衣冠襟带,捧莲花玉盘、寿桃和拂尘,身边有白鹿相随。下端刻卷云如意纹、蝙蝠捧瑞,祈愿家族世代福禄长寿、绵延不断。

"士为国之宝"文字花墙

位于养和堂正院夹牌楼门北侧,宽1.3米,高2米。

上端为行书阳刻格言:士为国之宝。大意:士是国家的财富。

主图案由三幅狭长砖雕画屏组成,左屏刻孔雀、牡丹、藤蔓,右屏刻葡萄和松鼠。古时称孔雀为吉祥"文禽",明清两朝以孔雀为三品文官补子纹样,孔雀花翎也成为官阶、权势的象征。牡丹寓意富贵,葡萄、藤蔓寓意多子多孙、绵延不绝。中屏为写意山水,画面上山环水绕,前有儒雅之士漫步,后有童子跟随。下屏为如意云纹及三只蝙蝠,蝙蝠各口衔双钱等吉物,寓意福在眼前。文字出处见相邻花墙"儒为席上珍"。

"儒为席上珍"文字花墙

位于养和堂正院夹牌楼门侧，宽 1.3 米，高 2 米。

上端为行书阳刻格言：儒为席上珍。

画面图案与相邻花墙"士为国之宝"相仿，此处不作赘叙。

"儒为席上珍"及上联"士为国之宝"，均出自古代少儿启蒙读物《增广贤文》。这是一部古时在民间广为流传的将传统礼仪道德、风物典故、人生哲学及处世之道等有韵的谚语格言和文献佳句进行选编而成的书籍。其中一些谚语、俗语反映了中华民族千百年来形成的勤劳朴实、吃苦耐劳的优良传统，成为宝贵的精神财富。"儒为席上珍"，是说研习儒道的学子，好比盛宴中的珍馐般高雅珍稀。

"知春秋大义"砖雕壁挂

位于贵和堂正院墙面。文字内容：知春秋大义，为学子本色。

"春秋大义"，是指儒家思想在社会价值观念、伦理道德取向和社会礼仪等方面，以及在个人行为选择上应该遵循的一套行为规范和思想准则。大意：儒家学子一定要从小学习和领会"春秋大义"，并把它作为自觉遵循的人生准则，这才是做人的根本。

"敦固可光前"砖雕壁挂

位于贵和堂正院墙面。文字内容：敦固可光前，深藏能裕后。

"敦固"和"深藏"出自《荀子·成相》："君子诚之好以待，处之敦固，有深藏之能远思。"大意：具备了敦厚坚贞的品质，才能把前人创造的事业发扬光大；有真才实学的人，遇事并不张扬，说话办事则能做到深藏不露，才能成就事业，造福于后代。

"桂馨凝瑞气"砖雕壁挂

位于贵和堂正院墙面。文字内容：桂馨凝瑞气，履祥行笃敦。

桂，桂花，我国传统吉祥花卉；馨，指花开时芬芳馥郁。履，鞋子或行走、执行之意，这里指行走；笃敦，敦厚笃实。大意：当丹桂、金桂等吉祥花卉盛开的时候，处处都有芬芳馥郁的祥瑞和吉兆；为人做事如果都持有质朴、专一、诚恳和宽厚的态度，人生的道路就能够行走得平稳顺利。

"好鸟晴相语"砖雕壁挂

位于贵和堂正院墙面。文字内容：好鸟晴相语，芳兰暖欲芽。

语出北宋陆游的《初晴野步》一诗。大意：春天来临，风和日丽，枝头上羽毛鲜艳、形态俏丽的鸟儿轻盈穿梭、欢快私语；兰草似乎也感受到融融春意的呼唤，正努力破土发芽。好一派春意盎然、生机勃勃的景致！

"新泥添燕户"砖雕壁挂

位于贵和堂正院墙面。文字内容：新泥添燕户，细雨湿莺衣。

语出北宋陆游的《小园独立》一诗。大意：春天来临，江河解冻，南飞过冬的燕子回来了，正在檐间辛勤地衔着泥，修筑它们的新巢，准备迎接新生的雏燕；细雨蒙蒙中，鸟儿仍在不知疲倦地穿梭、飞翔。两句诗中，充满了生机与活力。

素式花墙

位于贵和堂新院正院夹牌楼门侧，宽 1.3 米，高 2 米。

素式花墙是民居中较多采用的形式之一。其外框雕刻细腻，装饰精美的程度不亚于其他花墙，唯独主图案为蜂巢状空白。究其原因，大约是为了激发人们的想象空间，凸显其魅力所在。

上方采用双层装饰框，上框以夔纹、草龙、如意卷云等纹饰组合，阴刻与阳刻排列得体，使画面显得儒雅而端庄；下框中央和画面两侧饰修竹与竹节框，寓意气韵高雅、节节高升。主图案下方以须弥纹承托，底为如意垂花。虽为素式花墙，却依然彰显出秀丽含蓄之审美价值。

"海学"文字花墙

位于明清街石芸轩书院门厅外两侧墙面,东为"海",西为"学",幅宽2.5米。

传说"海学"为东晋王羲之手笔。海学,指博学,出自唐张说《唐故处士河南元公碣铭》中之"天才海学,于何窭贫"两句。

花墙取屏风窗格式,上方装饰盝顶围栏,其下为镂空雕花护栏。围栏刻卷草仰覆莲纹饰,护栏刻夔纹花架。额枋置象鼻出昂,两侧夔纹呵护。中央卷云纹承托一"寿"字。横枋取阳雕饰框,刻牡丹、灵芝等祥瑞花草。画心以如意团云压角,与两侧修竹相呼应,为阳刻"学海"二字增添了沉稳与雅致之气。下方为须弥座束腰,雕刻夔纹插架。中央刻奇花异草主题饰框,使格调疏密有致、繁简有序。